「体幹」を鍛えるとなぜいいのか?

木場克己

PHP 文庫

○本表紙図柄＝ロゼッタ・ストーン（大英博物館蔵）
○本表紙デザイン＋紋章＝上田晃郷

はじめに

「体幹」を正しく理解していますか？

ここ数年「体幹トレーニング」が注目を集めています。これ以外にもコアリズム、ピラティスなど体幹を強化するためのメニューも人気です。

そんな「体幹」に興味を持たれている皆さんへ質問です。

皆さんは、「体幹」について正しく理解されているでしょうか？

残念ながら「体幹」をよく理解しないまま、トレーニングに取り組んでいる方が多いように感じています。本来なら、体にいい効果をもたらすはずの「体幹」トレーニングを行った結果、逆に腰痛を

抱えてしまい、病院に通わなくてはならなくなった方も実際にいらっしゃいます。とても残念でなりません。

私は整形外科や接骨院、スポーツクラブをはじめ、JリーグクラブのFC東京メディカルトレーナーやトップアスリートのパーソナルトレーナーとして、一般の方やアスリートを問わず、たくさんの方の治療やトレーニング指導にあたってきました。そして20年以上のキャリアを積んできたなかで、健康的な生活を送るうえで、またスポーツでパフォーマンスアップするために「体幹」の強化が不可欠だというひとつの結論にたどりつきました。

わかりやすくいえば「体幹」は胴体部分を指します。つまり、この胴体を鍛えることが体幹トレーニングです。

体幹部の筋肉を鍛えれば、背すじはまっすぐに伸び、姿勢が改善されます。その結果、引き締まった理想的な体、腰痛などのケガ防止、内臓機能の活性化、安眠効果、スポーツのパフォーマンスアップ……と、体にプラスの効果をもたらします。

本書は、正しい体幹力の向上を指南する内容となっています。いくつかの簡単な体幹トレーニングのメニューは最初の章に掲載してありますが、トレーニングを行う前に、まず体幹への知識を深め、トレーニングする目的や意図を理解してください。

「体幹トレーニング」によってひとりでも多くの方が、健康で幸せな毎日を送ることができますように。

木場克己

「体幹」を鍛えるとなぜいいのか？　目次

第4章　アスリートから一般までKOBA式「体幹」実例集

序章

今すぐできるKOBA式「体幹」トレーニング

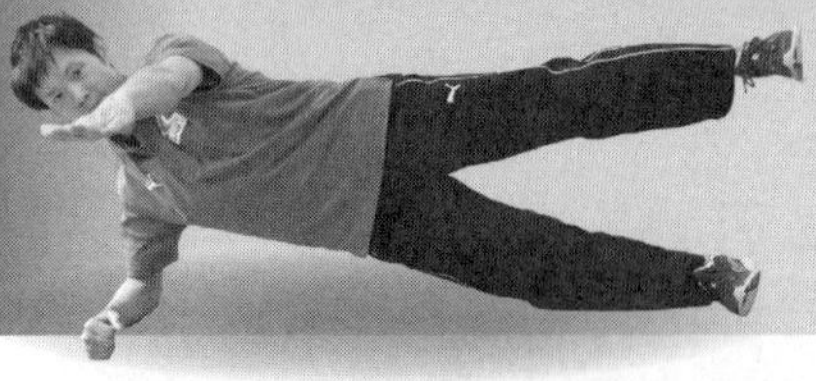

あえて不安定なフォームをとることで、筋肉に刺激を入れやすくする。KOBA式体幹トレーニングメニューの特徴だ。

4 基礎代謝が上がり、太りにくい体に！

ダイエットにも最適です。血行がよくなり、なおかつ筋肉量が増すことで、太りにくい体を手に入れることができます。

5 スポーツで結果が出る！

体幹が安定し、さらにストレッチで筋肉や関節の柔軟性を高めることで、動きがスムーズになり、手足に最大限のパワーが伝わるようになります。

6 便秘の悩みを解消！

体幹周りの筋肉の内部には腸などの臓器があります。体幹トレによって刺激が加わることで内臓の働きが活発になり、便秘も解消できます。

「体幹」トレーニングはこんなにイイ効果がある！

1 引き締まった理想の体に！

猫背、ポッコリおなか、O脚……。こういった外見の悩みの多くは姿勢の悪さが原因です。体幹を強化することで姿勢がよくなり、美しい体になります。

2 インナーマッスルが鍛えられる！

家でいう柱の役目を果たす重要な筋肉であるインナーマッスル。体幹を鍛えることで、体に安定した軸ができ、ケガをしない体になります。

3 腰痛から解放される！

腰痛は体幹周りにある腹筋の筋力バランスが悪いために起こります。KOBA式を行えば体のバランスが改善され、さらにストレッチをすることで腰痛を解消できます。

前側

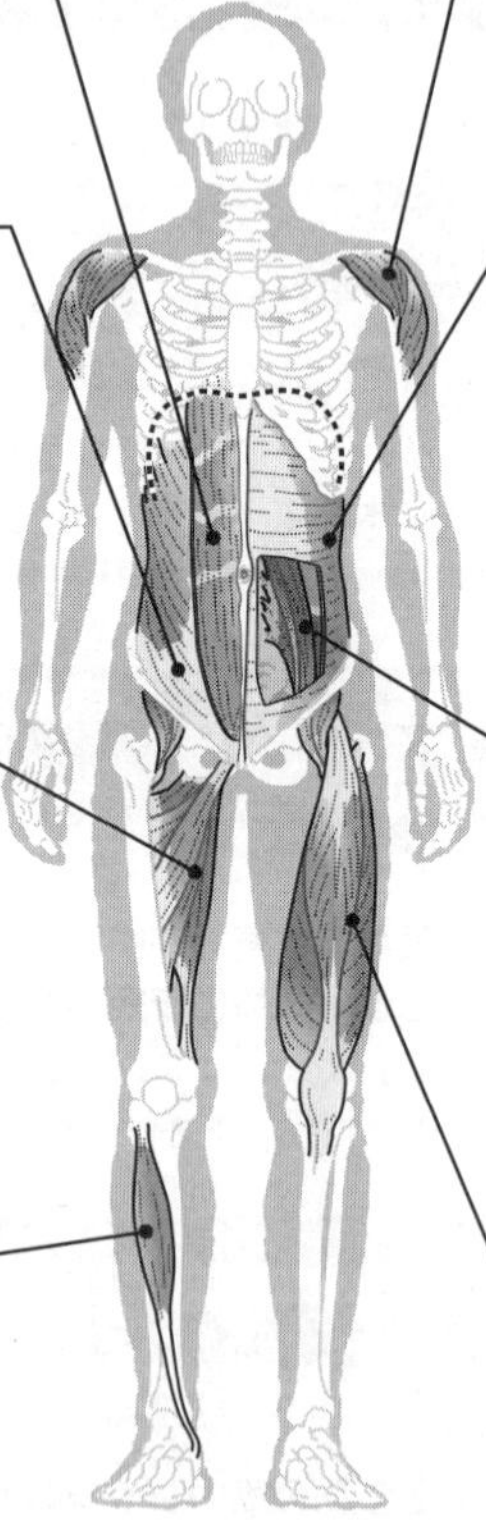

腹直筋《ふくちょくきん》

おなかの中心にあり、重要な役割を果たす筋肉。上体を前に曲げる際に大きく動きます。背骨を支える役割も果たし、正しい姿勢を保持および維持します。内臓の下垂を防ぎます。

腹斜筋《ふくしゃきん》

わき腹にあり、肋骨と骨盤につながる筋肉。体をひねったり、横に曲げたりする際に大きく作用します。ここを鍛えることで、ウエストのシェイプアップにもなります。

内転筋《ないてんきん》

太ももの内側にある筋肉です。ここの柔軟性を高めれば、股関節の可動域が広がりスムーズに足を動かせるようになります。筋力をアップすることで、踏み込んだ際にブレない強い軸足をつくることができます。

前脛骨筋《ぜんけいこつきん》

スネにそうようについている、細長く伸びた筋肉です。歩行の際、つま先を持ち上げる作用があるため、しっかりと鍛えることで走力の向上が期待できます。

三角筋《さんかくきん》

肩を覆うように三角形の形状をした筋肉です。腕を上げるときやモノを投げるときなどに働きます。

腹横筋《ふくおうきん》

腹斜筋の下部にあり、おなかの内部をまるでコルセットのように包んでいる筋肉。鍛えることで腹圧の高まりを生み、体幹部や骨盤が安定します。ポッコリと出た下っ腹やたるんだおなかを引き締め、見た目にも美しいボディになれます。

腸腰筋《ちょうようきん》

おなかの内部深くにあるインナーマッスル。足の振り出しや振り戻し、太ももを引き上げるときに大きく動きます。ここを強化することで、背骨の安定につながり、走力や脚力が大きく向上します。

大腿四頭筋《だいたいしとうきん》

4つの筋肉で構成され、太もも前部に位置します。ヒザの曲げ伸ばしや、体重を支えるなど、下半身の筋肉のなかでも特に重要な役割を担っています。常に動かしているため、疲労が蓄積しやすいのも特徴です。

後側

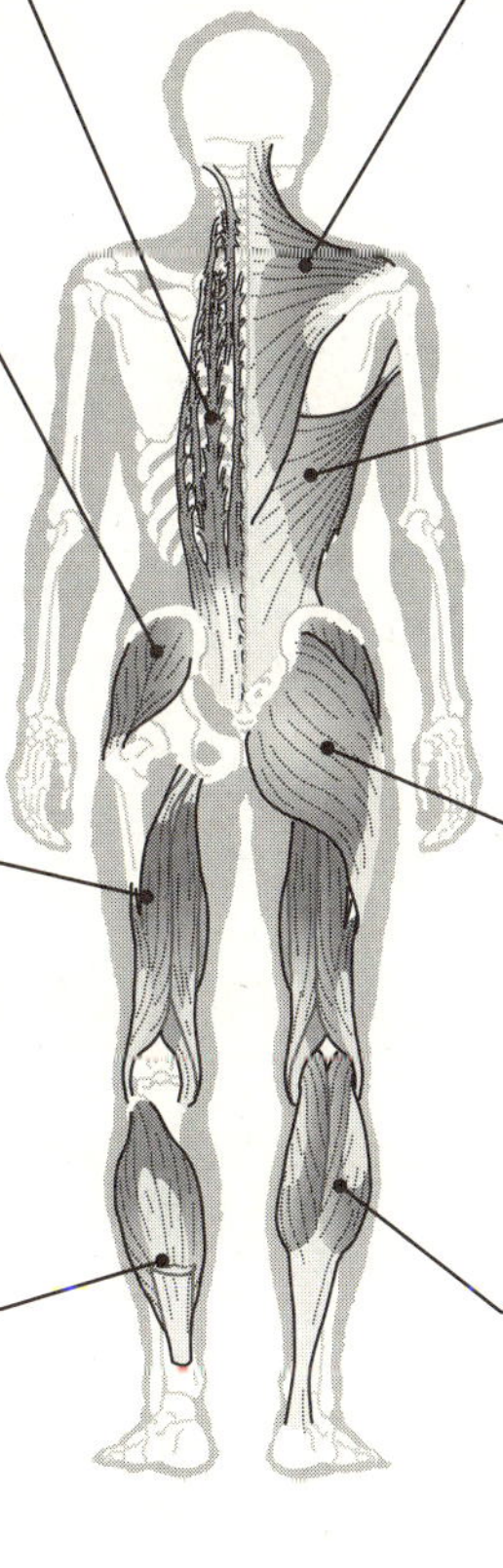

脊柱《せきちゅう》起《き》立筋《りつきん》

脊柱を支えるインナーマッスル。上体を後ろに反らす、重いものを持つときなどに作用します。ここの筋肉が弱いと脊柱を支えられず、腰などに障害が起こりやすくなります。

中臀筋《ちゅうでんきん》

お尻の上部から側面にある筋肉で、足を左右に動かす際に使われます。サイドステップやターンなどを必要とするスポーツでは、しっかりと鍛えなければなりません。またトレーニングを重ねることで、ヒップアップ効果も生まれます。

大腿《だいたい》二《に》頭筋《とうきん》（ハムストリングス）

太ももの裏側に位置する筋肉。足を「引く」「振る」や「跳ぶ」動きで重要な役割を果たします。肉離れなど非常に障害の起こりやすい筋肉なので、ストレッチなど十分なケアが必要です。

ヒラメ筋《きん》

アキレス腱につながる、ふくらはぎの筋肉です。かかとを上げて走ったり、地面を蹴るときに使われるため、鍛えることで「走る」「跳ぶ」「蹴る」「投げる」などの能力が増します。直立姿勢を保つ際にも作用します。

僧帽筋《そうぼうきん》

広背筋の上部に位置する筋肉です。首、肩、肩甲骨を覆うようについています。三角筋と同様に柔軟性を高めることで、腕や肩の動きが滑らかになり、四十肩、五十肩、肩こりなど、肩の痛みを解消できます。

広背筋《こうはいきん》

背骨から左右に広がるようについている大きな筋肉。野球のスローイングをはじめ、モノをとるときなど、腕を後方や上部に引く際に動かします。

大臀筋《だいでんきん》

お尻全体を覆う大きな筋肉です。足を後方に振り上げるときや外側に開くときに働くため、「歩く」「走る」など基本動作に大きく関係します。骨盤を後ろから支えています。

ヒフク筋《きん》

ふくらはぎの筋肉で、ヒラメ筋を覆っています。「跳ぶ」「走る」といった動作時に作用するため、スポーツを行った際は特に酷使されます。運動後は入念なストレッチで、疲労回復とケガ予防をはかりましょう。

まずは体幹トレーニングの基礎「ドローイン」を覚えよう

●どこでもいつでもできる体幹トレーニング「ドローイン」

まず体幹トレーニングの基本として覚えなければならないのが、**ドローイン**です。このドローインは、すべての体幹トレーニングを行う際に必要となってくるメニューで、**もっとも効率的に体幹部を強化できるトレーニング**です。方法はいたってシンプル。時間や場所を選ばずに行えるので、ぜひ実践してみてください。

●ドローインがもたらす大きな効果

ドローインは空気をゆっくり吸い込んでおなかを膨らませ、ゆっくり息を吐きながら、徐々におなかをへこませる行為を指します。単純な動きの繰り返しですが、この状態を保ちながら日常生活を送るだけでも、立派な体幹トレーニングとなります。その効果を紹介しましょう。

ひとつ目は、体幹の強化に欠かせないインナーマッスルに刺激を与えられる点です。ドローインによって、腹横筋《ふくおうきん》や腹斜筋《ふくしゃきん》、横隔膜《おうかくまく》、骨盤底筋群《こつばんていきんぐん》といったインナーマッスルに刺激が入り、体の内側からおなかをしぼることで、おなかの内部にかかる圧力の腹圧が高まります。そのため、体幹部の強化にうってつけです。結果的に、表面の大きな筋肉であるアウターマッスルとの連動性を高め、体幹トレーニングとしても効果が増します。

ふたつ目は、内臓の働きを活性化させる点です。下半身への血のめぐりがよくなり、腹圧も高まって、腸を中心に内臓の働きが活発になります。実際にドローインによって、内臓の働きがよくなると、おならが出やすくなります。しかし、これは体幹がしっかりと鍛えられ、腸をはじめとする内臓が活性化されていることの何よりの証明です。

三つ目の効果としてあげられるのが、エネルギー代謝量の向上による脂肪の燃焼です。ドローインによって刺激を受ける筋肉は、普段の日常生活ではなかなか意識的に使われることのないインナーマッスル。ここに刺激が入ると、動かせる筋肉が増えます。その分だけ、基礎代謝も上がりますから、脂肪がより燃えやすくなるのです。

また、**腹圧の高まりによって、脊椎《せきつい》のS字ラインがきれいに整います。**その結果、姿勢の改善につながります。腹圧の弱さによって、ポッコリと出ていた下っ腹も徐々に引き締まり、健康で理想的な体に近づきます。このように、ダイエットやきれいなボディラインを手に入れる目的においても、ドローインは大きな効果を発揮します。

●息を吸っておなかを膨らませ、吐きながらへこませる

では、実際のドローインの方法を説明していきましょう。やり方は、簡単です。

まずは背すじを伸ばした直立の状態で、肩甲骨を引き寄せるようにして胸を張り、鼻から息を吸い込みながら、おなかを膨らませます。このとき、**3〜5秒をかけて、できるだけ、ゆっくり空気を吸い込む**ようにしてください。

続いて、**体内に取り込んだ空気を口から吐きながら、おなかをへこませていきます。また息を吐くと同時に、おなかの筋肉をグッと縮めてください。**息を吐く際も、

ドローインの行い方

①息を吸って、おなかを膨らませる

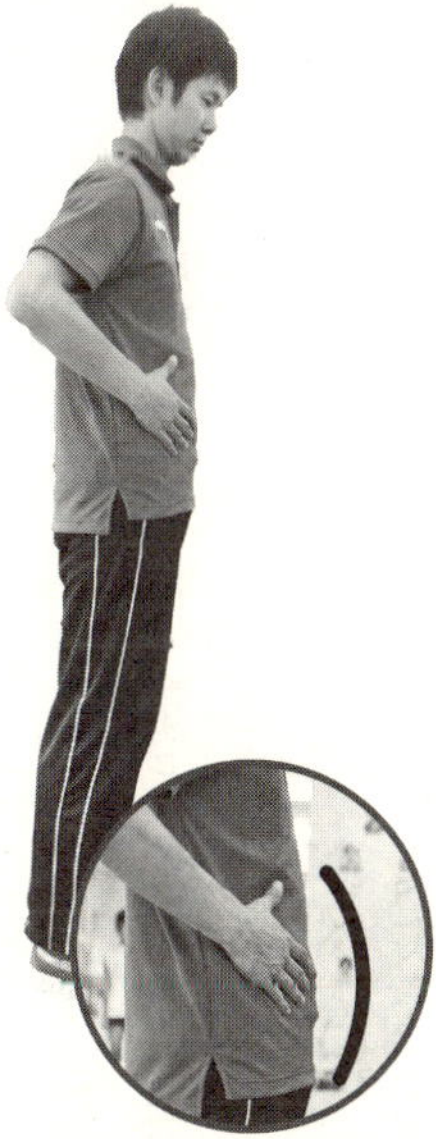

まっすぐに立った状態（もしくは床に寝そべる形でもＯＫ）をとります。そのまま鼻からゆっくり息を吸って、おなかを膨らませます。

②息を吐きながら、おなかをへこませる

口で細く息を吐き、おなかの中の空気をすべて出し切るイメージでへこませます。５秒かけて息を吸い、５秒かけて息を吐く。これで１回と考えます。３～５回行ってください。

吸うときと同じように**3～5秒をかけて、ゆっくりと吸い込みましょう。**

ドローインの大事なポイントは、息を吐く際に、おなかと背中がくっつくくらいに、おなかをへこませる点です。このとき、おへそ周りの筋肉を縮めるイメージを持てば、よりしっかりと体幹部に刺激を与えられます。直立の姿勢だけでなく、仰向けに寝て、両ヒザを立てた状態で行う方法も有効です。この場合は息を吐く際に、おへそ周りの筋肉を縮めながら、骨盤を床に押し当てましょう。より体幹部の筋肉を固めることができます。

このように、ドローインは簡単に行えます。しかし自宅だけに限らず、たとえば、デスクワークでイスに座っているときに取り入れるだけでも、効果はあります。その際、特に姿勢が大事です。次ページの図をご覧ください。イスに寄りかかるように腰掛けていると骨盤が傾いて脊柱もゆがんでしまうため、効果がありません。耳と骨盤とくるぶしが一直線になるように、正しい姿勢を常に意識してドローインを行いましょう。

また、P20からは、どこでも簡単に行える代表的な9種類の体幹トレーニングのメニューを紹介していますので、実際に体験してみていただきたいと思います。

日常生活から姿勢を意識しよう

脊柱もまっすぐで、骨盤が起きている状態。日ごろから、この姿勢を維持したい。

脊柱がゆがみ、骨盤も寝てしまっている。姿勢が悪いと、ドローインの効果も薄い。

KOBA式 簡単にできる体幹トレーニング ①

腹直筋や腹斜筋など、体幹部の重要な筋肉を強化するメニュー。おなか周りのシェイプアップなどダイエットに効果的です。

トレーニングの行い方

1

ヒザを立てた状態で仰向けに寝る。足は肩幅程度に開く

2

①の体勢から肩甲骨を浮かせて5～10秒キープ。浮かせると同時に、おへそ周りの筋肉を固める

KOBA'S ADVICE

手の平は下に向けてください。また肩甲骨を浮かせると同時に、おへそ周りの筋肉を固めましょう。腰を床に押しつけると、肩甲骨がしっかり上がります。

KOBA式 簡単にできる体幹トレーニング ②

脊柱起立筋、大臀筋、ハムストリングスを強化するメニュー。体の軸や骨盤が安定し、簡単にバランスを崩さなくなります。

トレーニングの行い方

1

足を骨盤の幅に開き、両ヒザを立て、仰向けに寝る

2

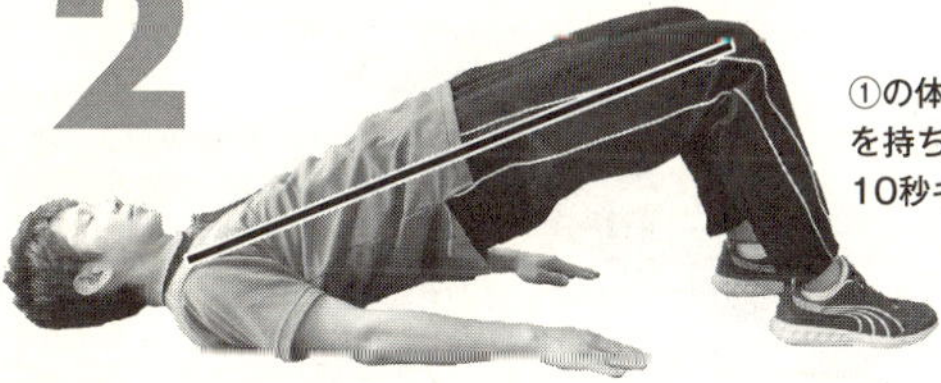

①の体勢から骨盤を持ち上げて5〜10秒キープ

KOBA'S ADVICE

②の体勢では、肩からヒザが一直線になるようにキープしましょう。腰が下がると骨盤の安定につながらず、上がりすぎると腰痛の原因になります。

KOBA式

簡単にできる体幹トレーニング ③

②のメニューの応用編です。足を伸ばすことで、より骨盤の安定をはかることができ、姿勢の改善につながります。

トレーニングの行い方

1

仰向けの状態から両ヒザを立て、骨盤を浮かせる

2

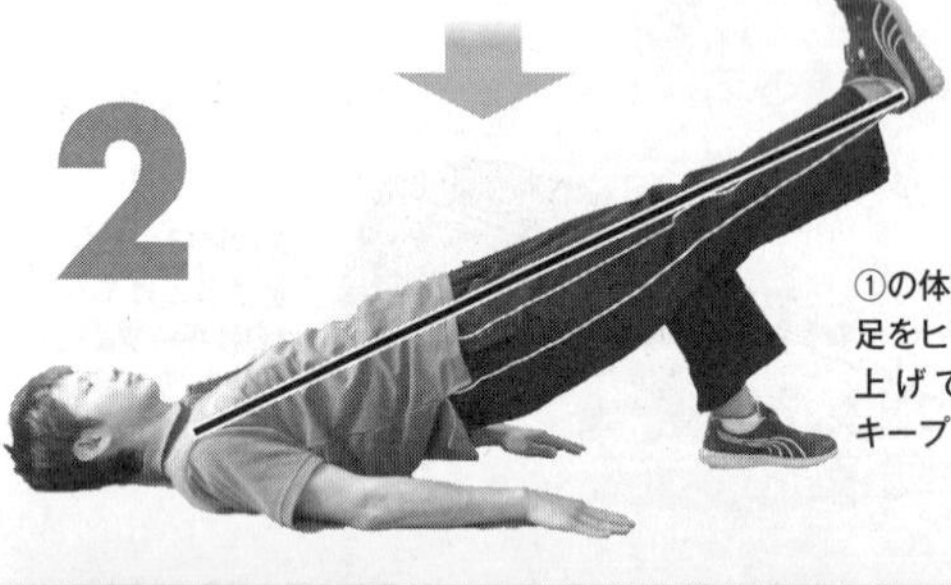

①の体勢から、片足をヒザの高さに上げて5～10秒キープ

KOBA'S ADVICE 肩から足先が一直線になるようにキープしましょう。また、足を上げたとき、骨盤が傾かないように、水平にする意識を持って取り組んでください。

KOBA式 簡単にできる体幹トレーニング 4

おなか周りの引き締めに効果的。腸腰筋も強化されるため、足の引き上げがスムーズになり、歩行や走行が楽になります。

トレーニングの行い方

1

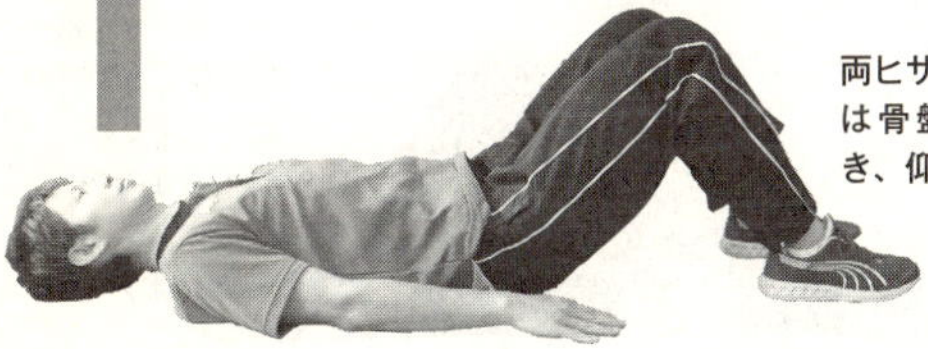

両ヒザを立て、足は骨盤の幅に開き、仰向けに寝る

2

肩甲骨と太ももを同時に引き上げて5～10秒キープ

KOBA'S ADVICE

ヒザと股関節は90度をキープしてください。また、肩甲骨を浮かせる際は、腹筋の力を使って引き上げ、おへそ周りに力を入れましょう。

KOBA式

簡単にできる体幹トレーニング 5

わき腹の筋肉と、腸腰筋を強化するメニューです。腰痛予防や、正しい姿勢の維持につながります。

トレーニングの行い方

1

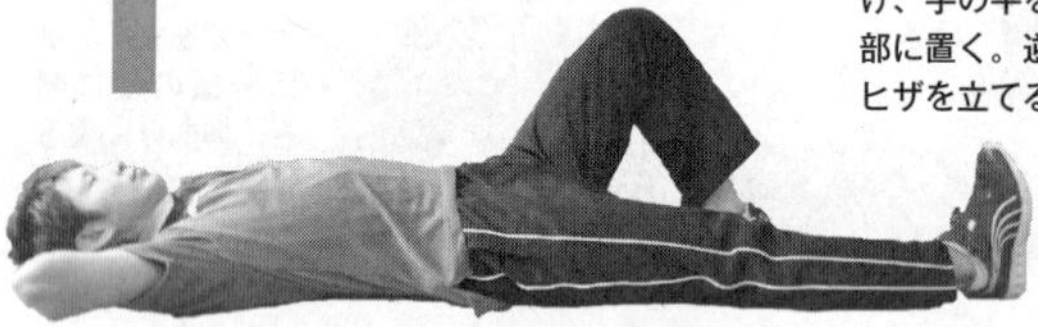

どちらかの腕を曲げ、手の平を後頭部に置く。逆足のヒザを立てる

2

ヒジとヒザを合わせて5～10秒キープ

KOBA'S ADVICE

腹筋の力を使って上体を引き上げ、ヒジとヒザはおへその上で合わせるようにしてください。ヒザの角度は90度をキープしましょう。

KOBA式

簡単にできる体幹トレーニング ⑥

背中、腰、お尻、太ももの筋肉を強化します。背中から骨盤周りの筋肉が引き締まり、腰痛予防に効果的です。

トレーニングの行い方

1

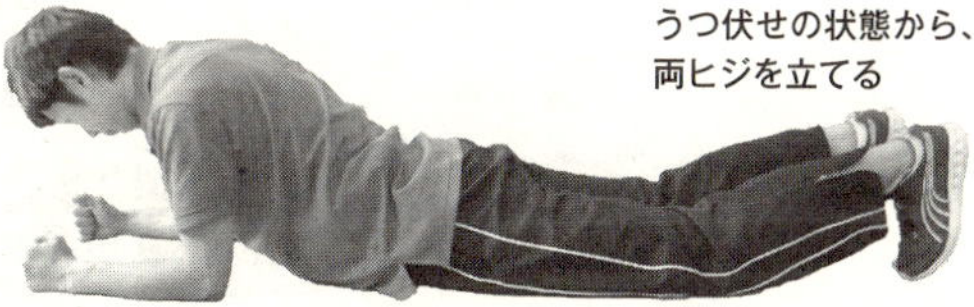

うつ伏せの状態から、両ヒジを立てる

2

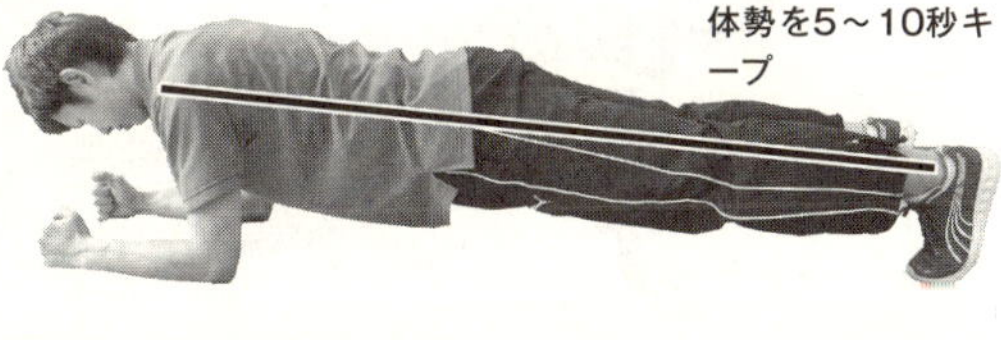

骨盤を持ち上げて、体勢を5～10秒キープ

KOBA'S ADVICE

つま先は常に立てておきましょう。骨盤を持ち上げた際は、体と床が平行になるように、まっすぐな体勢を保つようにしてください。

KOBA式

簡単にできる体幹トレーニング 7

腹横筋や腹斜筋など、わき腹の筋肉を強化します。ウエストの引き締めに効果的で、特に女性におススメのメニューです。

トレーニングの行い方

1

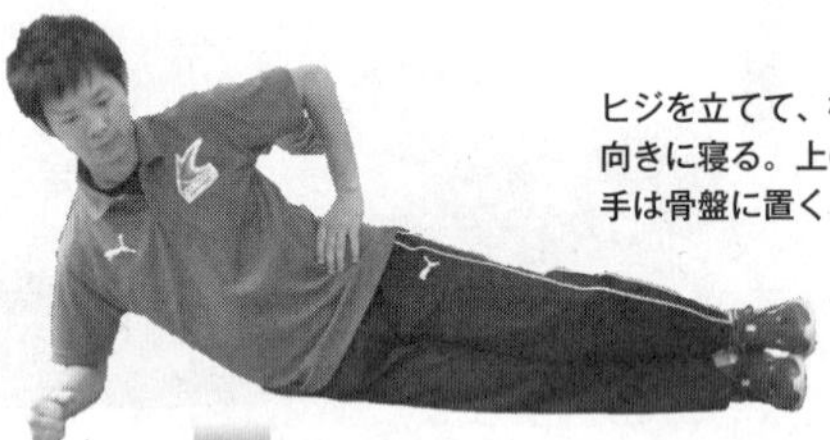

ヒジを立てて、横向きに寝る。上の手は骨盤に置く

2

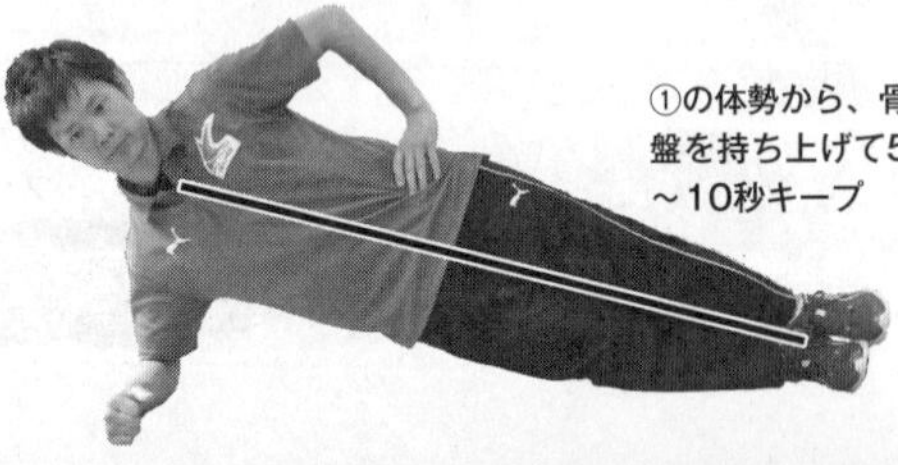

①の体勢から、骨盤を持ち上げて5～10秒キープ

KOBA'S ADVICE

ヒジは肩の下に置きましょう。骨盤を持ち上げた際は、頭から足先を一直線にキープ。骨盤が下がると、腰や背中に負担がかかります。

KOBA式 簡単にできる体幹トレーニング 8

腹直筋、腸腰筋を鍛えるメニュー。腹部と脚部の連動性が高まり、歩行や階段の昇り降りがスムーズに行えるようになります。

トレーニングの行い方

1

ヒジを立てて上体を起こし、どちらかの足を伸ばす

2

伸ばした足を持ち上げて5 ~ 10秒キープ

KOBA'S ADVICE

①の体勢のとき、ドローインを行って、おなか周りの筋肉を固めてください。足を上げたときは骨盤を床に押しつけましょう。

KOBA式

簡単にできる体幹トレーニング 9

背部、臀部、太ももを同時に強化するメニューです。腰痛予防、正しい姿勢の保持、ヒップアップ目的にも有効です。

トレーニングの行い方

1

腕は肩幅、足は骨盤の幅に開き、四つんばいの体勢になる

2

①の体勢から片腕と、その逆足をまっすぐ伸ばして5～10秒キープ

KOBA'S ADVICE
手足を伸ばした際は、骨盤が傾かないようにしっかり安定させ、手先から足裏を一直線にキープしましょう。顔は下を向けてください。

●仕事の合間にイスに座ったままできるメニュー

ここまでは、自宅でできる体幹トレーニングのメニューを紹介してきました。

しかし、仕事をされている皆さんは毎日忙しい時間を送られていると思いますので、スポーツジムに通うことも難しいでしょうし、自宅に帰っても体幹トレーニングを行うための時間が、なかなか取りづらいのではないでしょうか。

そうした時間のない方にこそ、前項で紹介したドローインがうってつけなのですが、その他にも仕事中に簡単に行える体幹トレーニングを、ふたつほど紹介したいと思います。いずれも仕事の合間にイスに座ったまま行えるメニューで、ほとんど時間はかかりません。

ひとつは**上体を曲げたり、ひねるときに作用する腹斜筋を強化するメニュー**。もうひとつは、**歩くときなど太ももを引き上げる際に大きく作用する腸腰筋を強化するメニュー**です。腹斜筋、腸腰筋ともに日常生活において頻繁に使われる筋肉であるため、きちんと強化すれば、日常的な動作をスムーズに行えるようになります。ぜひ、仕事の合間に取り組んでみてください。

KOBA式

イスに座ったままできる体幹トレーニング① 腹斜筋を強化する

排便やくしゃみなど腹圧が高まる動作や、上体を前方にひねる際に使う腹斜筋を強化するメニュー。

トレーニングの行い方

1

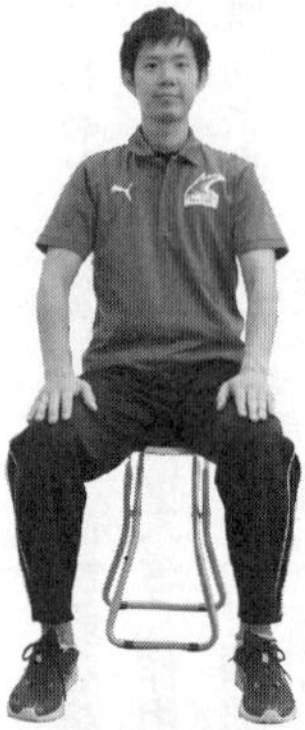

イスに腰掛けた状態で、背すじをまっすぐに伸ばす。足は肩幅程度に開く

2

どちらかのヒジを曲げて、逆足のヒザに合わせて5～10秒キープ

KOBA'S ADVICE

わき腹の筋肉に刺激が入っていることを意識しましょう。また、ヒジはヒザの上にきちんと合わせるようにしてください。左右どちらもバランスよく行いましょう。

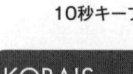

KOBA式

イスに座ったままできる 体幹トレーニング② 腸腰筋を強化する

腸腰筋を鍛えることで正しい姿勢の保持や、階段のスムーズな昇り降りにつながります。

トレーニングの行い方

1

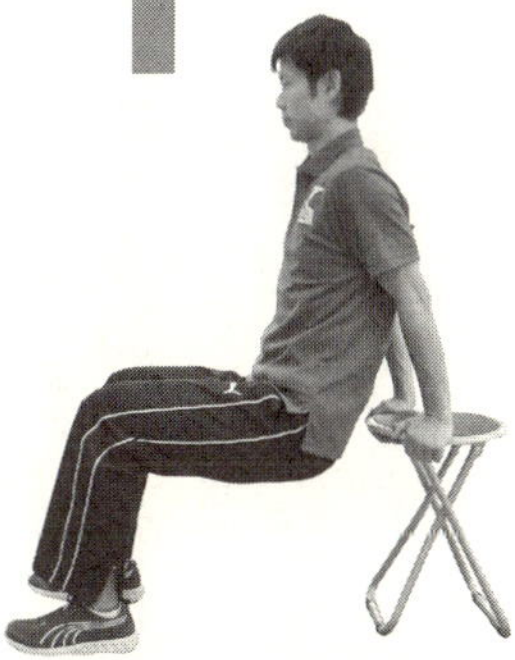

イスから腰を浮かせ、腕を背後に回して、両手で座面をつかむ

2

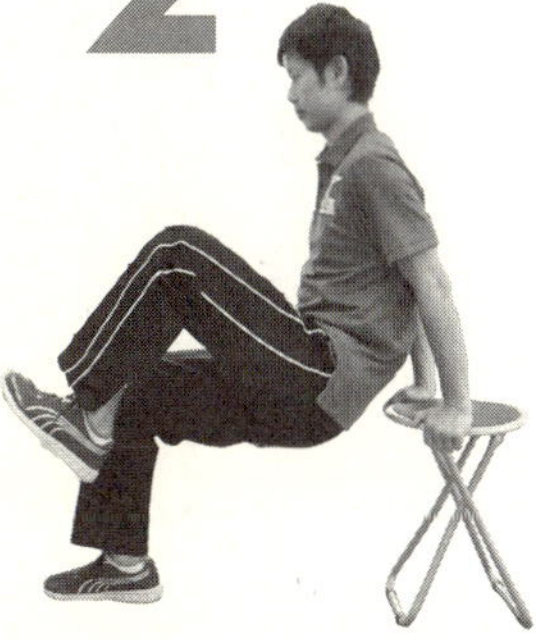

①の体勢から、どちらかの足を浮かせて5～10秒キープ

KOBA'S ADVICE

ヒザの角度は常に90度をキープするようにしてください。また、腰がイスの座面よりも下がらないように注意しましょう。

●体幹ブームの陰で急増する腰痛

冒頭で今日から簡単に行える体幹トレーニングのメニューを11種類紹介しました。体幹トレーニングというと難しく聞こえるかもしれませんが、実際のメニューを見てもらえばわかるように、内容はいたってシンプルです。

ただし「鍛えればいいんだろう」という考えのもと、正しい知識や方法を知らないままトレーニングに取り組むと危険です。近年、体幹トレーニングに取り組まれる方が増えてきたのは大変喜ばしいのですが、一方で〝**正しい方法**〟**を知らずに**〝**間違った方法**〟**で行った結果、かえって腰に余計な負担がかかってしまい腰痛を悪化させてしまう、非常に残念なケースが見受けられます**。私の治療院にも「体幹トレーニングをやって腰を治そうと思ったのに、余計に痛くなってしまった」という理由で相談に来る方が、ここ数年、徐々に増えてきています。

そういったことを防ぐためにもまず〝**正しいフォーム**〟**を意識して体幹部を強化**していただければと思います。そうして、はじめて腰痛を緩和させる効果が出てきます。

体幹トレは正しいフォームで

○

手先から足先までが一直線になり、床と体のラインが平行になっている。

×

手先から足先までがバラバラ。腰に負担がかかるだけで、体幹トレーニングの効果が出ない。

●フォームの乱れが腰痛を引き起こす

体幹トレーニングをただ行っているだけでは腰痛の改善にはつながりません。それには、〝正しいフォーム〟が不可欠です。では、前項で説明した体幹トレーニングにおける〝正しいフォーム〟とは、どういうものでしょうか。

前ページの写真を見比べてください。どこに違いがあるかわかりますか？　手先から足先まで線を引くと違いは明らかです。

このメニューは、**四つんばいの体勢から、手先、背中、腰、足先までをまっすぐに伸ばして体勢をキープさせて、脊柱起立筋などのインナーマッスルを強化し、骨盤を安定させるねらい**があります。

前ページのＮＧ写真のように腰を曲げてしまったり、逆に反らせてはいけません。**〝間違ったフォーム〟では本来刺激を入れたい部分の筋肉にしっかりと伝わりません。**さらに腰部にも負荷がかかります。初めは痛みを感じないかもしれませんが、トレーニングを繰り返し行っていれば、その負荷の積み重ねによって、腰痛を引き起こしてしまうのです。

●子どもにまで増えている現代病・腰痛

間違った体幹トレーニングによって、**腰痛を発症してしまったり、逆に悪化させてしまうケースがあとを絶ちませんが、これは何も大人に限ったことではありません。**年々、腰痛患者は低年齢化してきています。近年は小学生・中学生の子どもが腰痛に悩まされて、私の治療院に来るようになりました。

スポーツをやっている子どもたちの場合、指導者から教わった体幹トレーニングの方法が間違っていた結果、腰痛を発症してしまう場合は確かにあります。しかし、それ以上により**深刻な原因として、筋肉量の低下と姿勢の悪化**があげられます。

最近の子どもたちは、昔に比べて外で体を動かして遊ばずにテレビゲームを楽しむ、パソコンでインターネットを見るといったように家で過ごす時間が増えています。必然的に筋肉が鍛えられないため、体全体の筋力が弱くなります。さらに室内にいる際も床に横になって寝ている、猫背になっていることが多いはずです。その結果、姿勢悪化につながり、脊柱にゆがみが生じて、さらに腰痛を引き起こすのです。

●体幹トレーニングを行う際に守ってほしいこと

間違った体幹トレーニングによって、腰痛を引き起こす、あるいは持病の腰痛をさらに悪化させるケースが増えていることは、先に述べました。そういった事態をできる限り避けるために、トレーニング時には特に二点守っていただきたいと思います。

【体を一直線にしてキープする】

KOBA式体幹トレーニングは、フォーム自体は決して難しいものではありません。**①脊柱起立筋、大臀筋、大腿四頭筋を強化するために、ヒジを立ててたうつ伏せの状態から骨盤を持ち上げてキープ**（次ページ写真）。**②脊柱起立筋、広背筋、大臀筋、ハムストリングスを強化するために、四つんばいの体勢から片腕と逆足を伸ばしてキープ。③体幹部の重要な筋肉である腹斜筋、腹横筋や内転筋を鍛えるために、ヒジを立てて横向きに寝た状態から、骨盤を持ち上げる。**以上のように、文字に起こせば、簡単に表せるものばかりです。これらのトレーニング方法や冒頭のトレーニ

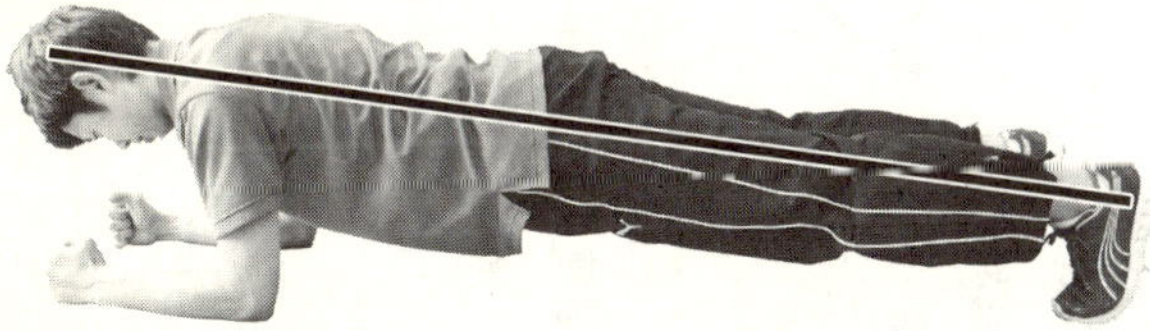

一直線にキープするためには全身の筋肉を使う。その結果、連動性も高まって手足がスムーズに動くようになる。

ング写真を目にして「このくらいの運動、メニューならば簡単にできそう」と思われた方も多いでしょう。しかし、そこに大きな落とし穴があります。

体幹トレーニングによって腰をはじめ体の部位に余計な負担をかけて、ケガをしては、何の意味もありません。だからこそ、**正しいフォームを意識してほしいのです。**先に紹介した三つのメニューはいずれも、**頭や手の先から足先まで体を一直線に伸ばし、重心をぶらさないことが大事です。**そうして体幹部にしっかりと負荷がかかり、効果のあるトレーニングとなります。一時期、ダンベル体操というトレーニングが流行しましたが、間違ったフォームで行ったがゆえに、肩が上がらなくなるなどの症状を訴える人が少なからずいらっしゃいました。正しいフォームをきちんと守ってトレーニングに取り組むことがいかに重要なのかを皆さんにも理解していただけると思います。

【「骨盤」を安定させる】

もうひとつ重要な体幹トレーニングのポイントは、**骨盤を安定させる**ということです。簡単にいうと、**骨盤を左右に傾けないという意味**です。次ページの写真でいえば、下側は骨盤が傾いている（腰をねじっている）状態。冒頭で紹介した②（P21）のメニューをご覧ください。体を持ち上げていますが、腰はねじれていません。骨盤が傾くとインナーマッスルとアウターマッスルどちらにも刺激が入らないだけでなく、腰を痛めやすくなります。常に骨盤を安定させるように意識しましょう。

こういったトレーニングはドローインを取り入れることでより一層効果を増します。息を吐きながら、おなかが背中にくっつくくらいにへこませると、体幹部全体に力が入るようになります。

骨盤を安定させるとは？

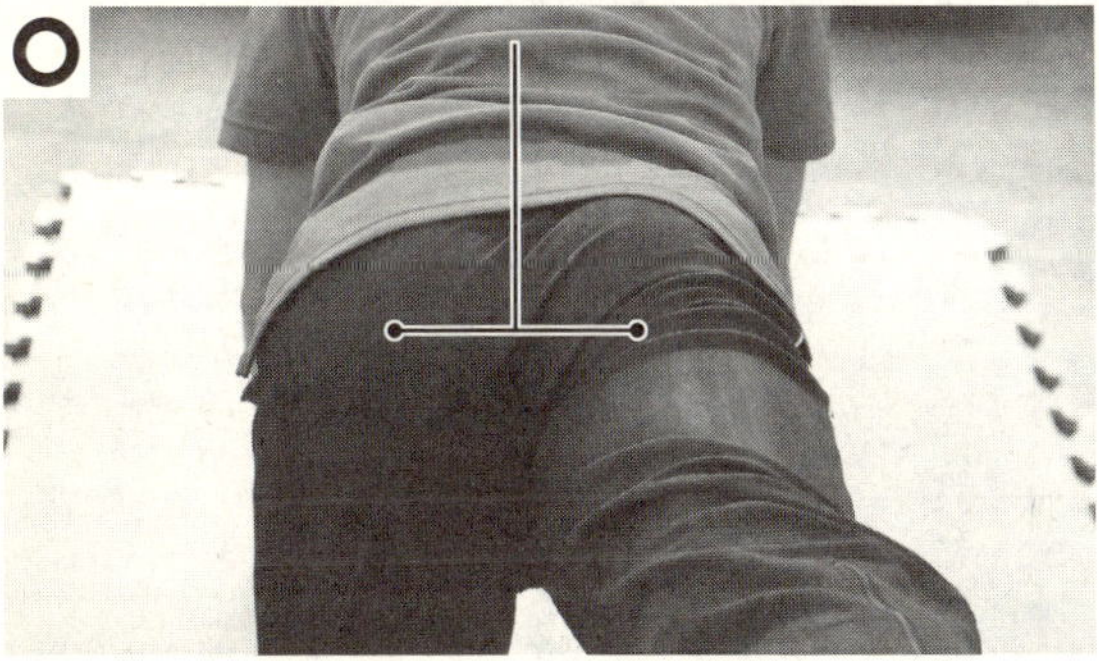

このように背骨と骨盤がきれいな逆T字型を描いていると、骨盤が傾いていない証拠だ。

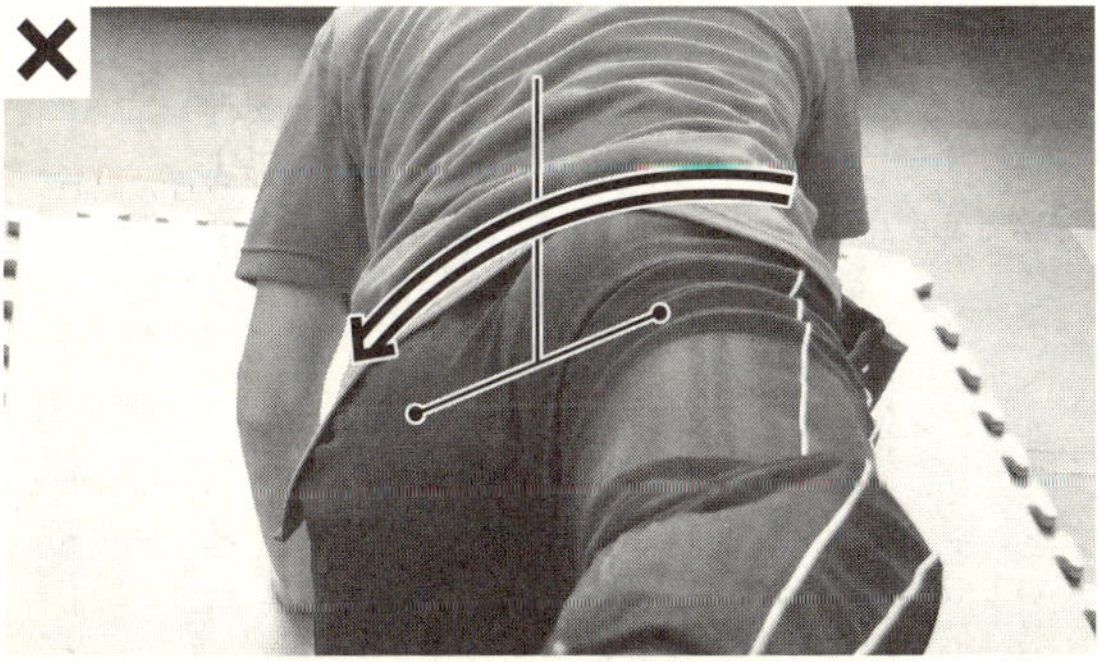

このように腰がねじれていると骨盤が傾き、腰に負担がかかる。しかし実際の体幹トレーニングでは、この姿勢で行っている人が多い。

たとえば③（P22）のメニューは仰向けの状態から腰を浮かせて、どちらかの足をまっすぐに上げることで、背中の脊柱起立筋や、お尻、太ももなどの筋肉を強化します。この場合もただ足を上げているだけでは意味がありません。

腰をねじらずに首下からかかとまでラインを一直線にすることはもちろん、きちんとドローインを行って体幹部の筋肉を固め、骨盤を安定させます。骨盤を安定させるためには、肩と肩甲骨を支点にして、太ももと腹部の筋肉で支えるイメージを持つことが大切です。

骨盤は腸骨や恥骨、尾骨などたくさんの骨で形成され、人間の上半身と下半身をつなぐ重要な働きをする部位。上半身と下半身、それぞれのパワーを伝える役割も果たしているため、体幹トレーニングを通して安定させ、そのパワーを確実に伝達させることが重要なのです。パワーと聞くと、スポーツにおける動作を連想しがちですが、それればかりではありません。日常生活での走行や歩行、階段の昇り降りなどは、体がブレないように骨盤を安定させ、筋肉の連動性を高めてはじめて、スムーズに行えるようになります。体幹トレーニングによって、安定した骨盤を手に入れてください。

第1章

そもそも「体幹」ってなんだろう？

1 多くの選手の体が目覚めた KOBA式「体幹」トレーニング

●体幹力によって生まれた長友選手のアシスト

２０１１年１月、カタールで行われたサッカーのアジアカップ決勝。日本代表は延長戦の末に、李忠成選手（サウサンプトン）の見事なボレーシュートで決勝ゴールを奪い、オーストラリアを破って優勝を果たしました。

このとき、李選手のゴールをアシストしたのが、左サイドバックの長友佑都選手（インテル）です。マークにきた相手ディフェンダーを細かいステップでかわすと、やや難しい体勢から、体の軸を保ったまま腰をひねり、美しく正確なセンタリングを李選手へ上げました。クロスをゴール前に送ったあとは、重心が大きく左に傾いていたものの、軸足でグッと踏ん張り、決して倒れませんでした。

あの決勝ゴールにつながったセンタリングこそ、長友選手の体幹力の高さを何よ

日本代表で活躍する長友佑都選手。地道なトレーニングと努力によって、世界のビッグクラブでプレーするまでに成長を遂げた。

り証明しています。上半身と腰をスムーズにひねる柔軟かつ強靭なわき腹の筋肉。精度の高いキックを生み出す、決してブレることのない体の軸。地面をしっかりと踏ん張る軸足の力。見事な体幹力を発揮したプレーでした。

●地道な体幹強化で多くの選手がパフォーマンスアップ

私は、長友選手が大学生の頃から、彼のパーソナルトレーナーを務めています。指導しはじめた当初は、決して体幹のバランスがいいとは言えませんでしたが、本人の必死の努力によって、体は着実に進化してきました。それが土台となり、現在はイタリアの名門クラブですばらしい活躍を見せてくれています。

私のスポーツトレーナーとしてのキャリアは20年以上になりますが、当時から、体幹の重要性に注目し、試行錯誤でトレーニング内容を考えてきました。

体幹は文字通り、体の幹となる部分。ここを強化するとスポーツのパフォーマンスアップに限らず、日常生活を送るうえで、さまざまなメリットをもたらします。健康的な体でありたい。キレイで美しい体になりたい。アスリートとして体を変えたい。そんな方に体幹トレーニングはとても効果的です。

2 体幹とは体のどの部分を指す？

●頭、手足を除いた胴体部分を体幹と呼ぶ

ここ最近、「体幹」という言葉をよく耳にし、気になっている方も多いのではないでしょうか。そもそも体幹とは、具体的に体のどの部分を指すのかご存知ですか？
体幹とは、頭と手足を除いた胴体の部分を意味します。

次のページの写真のように**胸部、腹部、腰部、背部の四つ**で構成されています。そして、これらに関係する筋肉を強化することを一般的に、**体幹トレーニング**と呼んでいます。

体幹は、動いているときの動作だけでなく、「立つ」「座る」「歩く」といった人間が姿勢を維持するうえで重要な働きを担っています。樹齢何百年というような幹の太い樹木を想像してみてください。太くて立派な幹は、年輪をみるとわかるように

ここが体幹だ!!

手足、頭を除く胴体部分を体幹と呼ぶ。体の軸をつくり、この部分の筋肉を鍛えることで、姿勢の矯正につながり、肩こりや腰痛などの体の不調が改善する。また運動能力も向上する。

中心部から外部に向かって、何層もきれいにバランスよく厚く重なっています。そして、その中心部がしっかりしていると、樹木はまっすぐに美しくそびえたつことができるのです。

そして、**人間でいうところの中心部、つまり幹は、主に背骨から腰にあたる脊柱です**。その太い骨の周りにある体幹部の筋肉をしっかりと鍛えて固めることで、これらの骨が安定し、正しい姿勢を維持できます。

体幹部の骨組みの中心は、緩いS字カーブを描く脊柱です。上から見ていくと、頭蓋骨を支える首の骨である頚椎、その下に12個の骨からなる胸椎、そして腰の骨にあたる腰椎で形成されており、体幹部の安定に重要な役割を果たす骨盤へとつながっています。体幹トレーニングによって、**脊柱を正しいS字カーブに維持**しなければなりません。

しかし、何らかの要因でこの脊柱が必要以上にゆがんでしまうと、その結果、肩こり、腰痛、猫背、頭痛といったさまざまな体の不調、さらにはケガにつながります。ですから、**体幹強化による正しい姿勢の保持**こそ、体幹トレーニングの基本といえるでしょう。

3 体幹部は、すべての動作のスタート地点

●動作時にまず体のどの部分が動く？

皆さんは、たとえば床に落ちているゴミを拾おうとしたとき、初めにどの部分の筋肉が動いていると思いますか？

「拾うという動作だから、腕や手だろう」

「まず屈《かが》まなければいけないから、ヒザじゃないか？」

正解は、**体幹部**です。モノを拾う動きに限らず、**人間が行うすべての動作は、体幹部の筋肉が動き、それに連動して手足が動いているのです。**

●体幹はパワーを手足へと伝えるキーステーション

これには理由があります。歩く、走る動作を思い浮かべてみてください。いずれ

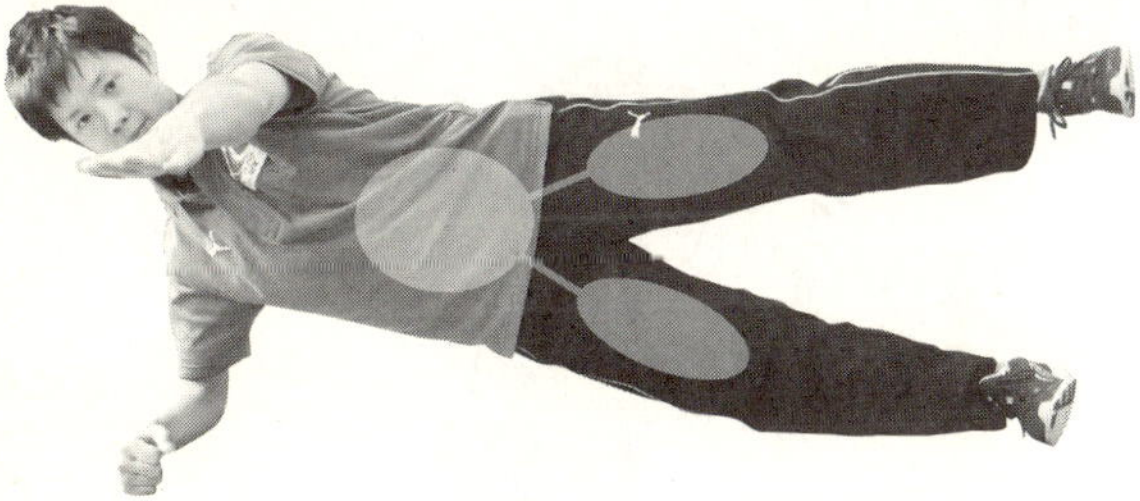

ＫＯＢＡ式体幹トレーニングは、体幹とさまざまな体の部位の筋肉との連動性を重視したメニューが多数ある。

も、どちらかの足を前に出すと同時に、反対側の腕を後ろに振っていますね。このように人間の体は、上半身と下半身が常に連動して動きます。

　足を出すときは太ももを引き上げるために腰部の筋肉が、腕を振るときには背部の筋肉が働きます。いずれも体幹部の筋肉です。このように**上半身と下半身の中間点にある体幹部の筋肉が機能して、動作が成り立っています。**

　この仕組みは、スポーツにおいても同じです。体幹部の筋肉を強化すれば、下半身で生まれたパワーは手足へと最大限に伝わり、パフォーマンスアップにつながるのです。

体幹が弱い

基礎代謝が
下がり、
おなかが出る

姿勢が悪くなる

腰痛をはじめ、
体の不調が
起きる

疲れが
たまりやすい

体幹が強い

基礎代謝が上がり、
太りにくい
体に

スポーツで
結果が出る

肩こり、腰痛、
便秘などの
悩みを解消

きれいな姿勢を
維持できる

4 体幹と下半身をつなぐ「股関節」

●股関節は人間の体でもっとも重要な関節のひとつ

次に、体幹部と上半身、下半身のつながりについて見ていきましょう。

上半身と体幹部は肩甲骨を通じてつながっていますが、一方の下半身は、股関節を介して連動しています。

股関節は、骨盤や太ももの骨である大腿骨をはじめ多くの筋肉から成り立っています。また肩と同じ球関節なので、屈曲や内転、外旋など多種多様な動きができるのも大きな特徴です。**人間の体の中でも、もっとも重要な関節のひとつ**といえます。

さらに股関節は、脊柱や骨盤と連動して動くため、体幹部と密接なつながりがあります。たとえば、イスに座って股関節を屈曲する（折り曲げる）場合は、まず骨盤と体幹を安定させる腹横筋や**多裂筋**《たれつきん》**（背中の一番深いところについている筋肉で、脊柱**

悪い姿勢

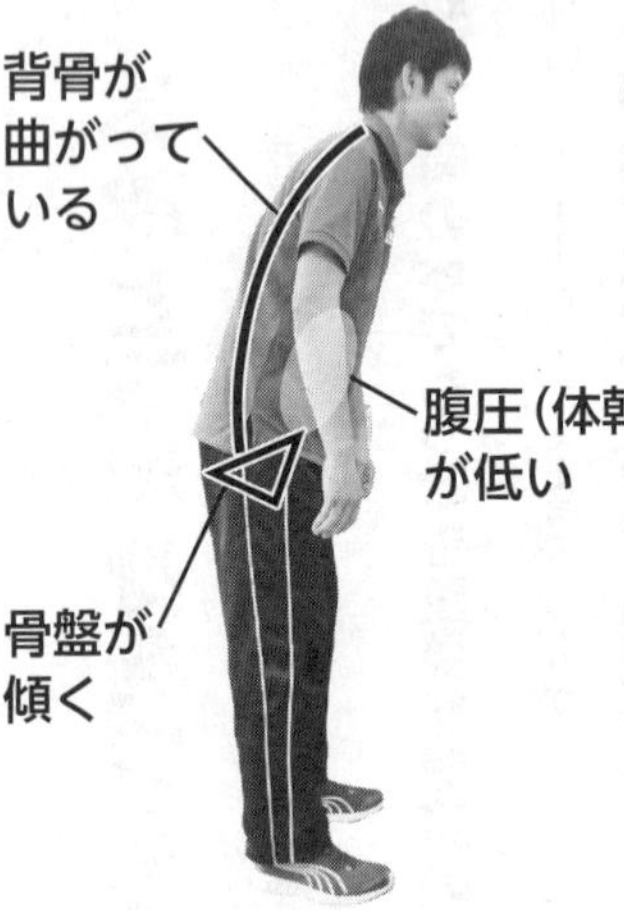

脊柱がゆがみ、骨盤も傾いてしまっている。姿勢が悪いと、ドローインの効果も薄い。

正しい姿勢

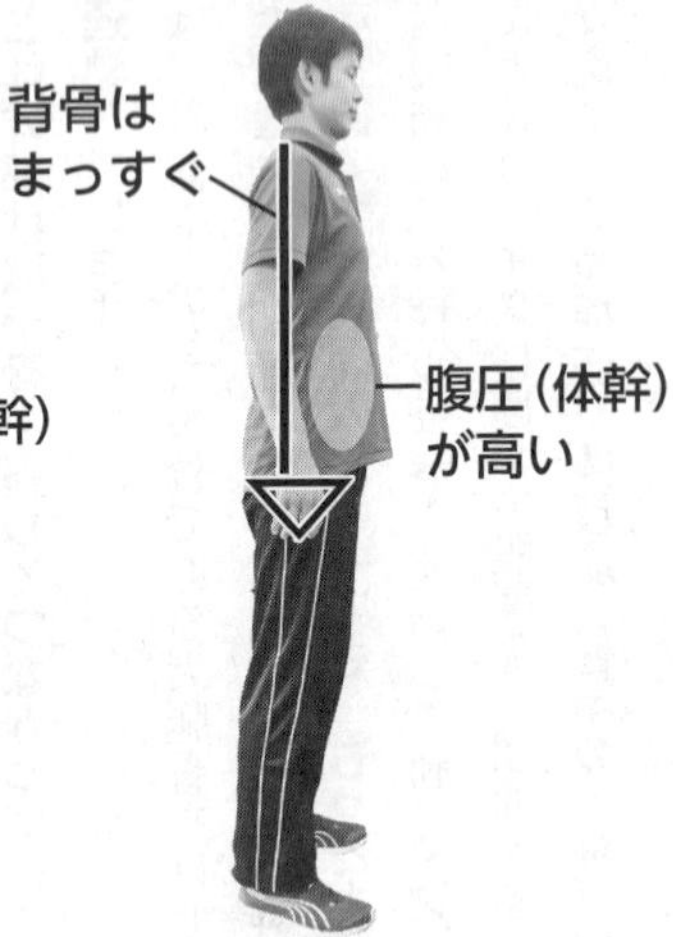

脊柱もまっすぐで、骨盤が起きている状態。日ごろから、この姿勢を維持したい。

起立筋同様に背骨を支える役割を担う）などのインナーマッスルが動きます。そこから股関節を動かす腸腰筋が作用し、最後に太もも前部にある大腿四頭筋が反応するのです。股関節を中心に、体幹との深い関係性を理解していただけると思います。

●股関節をしなやかに動かせると、体幹全体の機能性も高まる

しかし、**股関節とその周辺にあるインナーマッスルがうまく連動しなければ、日常動作に支障が出ます。**足をうまく引き上げられず、歩行がスムーズに行えない。屈《かが》んだ際、股関節近辺に軽い痛みを感じる。これらの症状が出る方は、股関節の動きが悪くなっている証拠です。

特に**腸腰筋は骨盤を介さずに、脊柱と大腿骨をつないでいる唯一の筋肉**です。股関節を屈曲させたり、伸ばす際に脊柱を安定させる働きがあります。そして腸腰筋をはじめ、お尻の大臀筋などをストレッチでほぐし、体幹トレーニングで強化すると、股関節をしなやかに動かせるようになり、体幹全体の機能性も高まっていきます。

5 インナーマッスルの重要性

● 2種類で構成される人間の筋肉

人間の筋肉は、表層と深層の2種類で構成されています。

ひとつは**体の表面にあり、鍛えたことが見た目にもハッキリとわかるアウターマッスル**。もうひとつが、**体の深部にあり、脊柱などの重要な骨を支えているインナーマッスル**。なかでも、体幹強化で重要な役割を果たすのが、深層筋と呼ばれるインナーマッスルです。

● 筋肉には鍛える順番がある

なぜインナーマッスルの強化が重要なのでしょうか。体幹部は姿勢保持に大きな役割を果たしています。体幹部の筋肉によって、脊柱を正しく、まっすぐにキープすることで、人間は正しい姿勢を維持します。このとき大きく作用するのが、**脊椎に沿うように発達し、脊柱を支える役割を果たすインナーマッスルの脊柱起立筋と多裂筋（P51）です**。この筋肉がきちんと強化され、しっかりと機能すれば、正しい姿勢を保持できます。また、皆さんには、**正しい姿勢に矯正すると体の不調が改善する**ことを知っていただきたいと思います。結果として、腰痛予防やスポーツのパフォーマンスアップにもつながっていきます。

よって**体幹トレーニングを行う際には、これらの脊柱起立筋をはじめとするインナーマッスルの強化から始めていきましょう**。

アウターマッスルもパワーやスピードを生み出す重要な筋肉です。しかし体幹トレーニングに限っていえば、インナーマッスルのあとです。インナーマッスルを強化し、体幹部の基礎工事を終えてからアウターマッスルのトレーニングに入るのが、KOBA式です。

インナーマッスルには他にも、太ももを引き上げる際に作用する腸腰筋や、内臓を包むように位置し、背骨を安定させる腹横筋などがあります。これらの重要な筋肉を意識してまずトレーニングに臨みましょう。

6 腰痛の大半は体幹トレーニングで克服できる

長友佑都選手の腰痛も改善

体幹トレーニングは、腰痛対策にも適しています。長友佑都選手は私のところに通いはじめた当初、腰椎椎間板《ようついついかんばん》ヘルニアや腰椎分離症などのケガを抱え、ひどい腰痛に悩まされていましたが、本人が懸命にストレッチや体幹トレーニングに取り組んだこともあって、徐々に症状が回復していきました。

現在では、腰痛の不安もなくプレーを続けることができています。しかし、再発の可能性もゼロとは言えません。今後も引きつづき、体幹トレーニングとストレッチを取り入れて、しっかりケアをしながら、腰痛の再発防止に努めていかなければならないと考えています。

●ストレッチで筋肉の柔軟性を高める

ＫＯＢＡ式メソッドでは**体幹トレーニングの前に、必ずストレッチを行うように指導**しています。ストレッチはご存知の通り、筋肉を伸ばすことで柔軟性を高める運動ですが、この柔軟性の高まりが腰痛対策のカギを握っています。

腰痛になる大きな原因は、「筋肉の柔軟性の欠如」と「筋力バランスの崩れ」です。たとえば、腰周りの筋肉に柔軟性がなくなり固まってしまうと、血流不全を起こして、腰痛になりやすくなります。また腹筋・背筋のバランスが悪いと、骨盤のズレが生じて背すじが曲がり、同じように腰部に血液不全を起こして、腰痛になるケースもあります。

これらの腰痛を解消してくれるのが、ストレッチです。腰部を中心にストレッチを行えば、固まった筋肉がほぐされ、血流がよくなってきます。また腰痛の症状がある方の多くは骨盤が傾いてしまっているので、**ストレッチにより骨盤を正しい位置に戻すことができれば、痛みが取れてくる**はずです。腰痛対策にはストレッチ。このポイントをしっかりと押さえてください。

●体幹トレで腰痛が改善する仕組み

ストレッチで柔軟性を持たせ、正しいフォームの体幹トレーニングを行うKOBA式メソッドに取り組めば、あなたを悩ませている腰痛は、大きく改善されます。

なぜKOBA式の体幹トレーニングで、腰痛が改善されるのでしょうか。前項でも触れましたが、この項では、その仕組みをもう少し詳しく解説していきます。

その前に、「なぜ、腰痛対策には、まずストレッチを行うことが重要なのか」ということに気づいたエピソードから言及していきたいと思います。

●腰痛にストレッチが効くことを知ったきっかけ

今から20年ほど前、私はスポーツクラブで、アスリートを中心にケアとトレーニングを指導しながら、週に3回ほど、現在のJリーグクラブ・FC東京の前身である東京ガスサッカー部に、トレーナーとして派遣されていました。

そこで腰痛に悩まされている選手が多いことを知りました。まだJリーグが始まるぐらいの時期でしたから、サッカーを取り巻く環境は今ほど整備されていませんでした。東京ガスリッカー部でも硬い人工芝やコンクリートの上で、トレーニングやランニングを行っていました。その結果、腰に負担がかかり、腰痛を発症する選手が多くいました。治療を行って一時的に痛みが引いても、翌日に練習をすると、また痛みがぶり返す。この悪循環を断ち切るために、私は試行錯誤しながら、腰に負担のかからない治療とリハビリメニューを考えていました。

なかでも、腰を反らせたり、ひねる動作に注目しました。たとえば、うつ伏せでヒザを曲げて、太ももの前の筋肉を伸ばすストレッチがあります。実際に選手にストレッチをやると、**太もも前部の筋肉が硬い場合、ヒザを曲げたときに骨盤がグッと浮いてしまう傾向**が見られました。また、それと同時に、腰の中央部辺りに痛みを感じる選手が多かったのです。

そこで、腰に痛みが起こらないようにするために、太ももの前部の筋肉をストレッチでしっかり伸ばし、骨盤が上がらないようにしなければならないと考えました。筋肉が柔軟性に欠けて縮んでいると、**立った姿勢でも、常に太もも前の筋肉が骨盤を引っ張ってしまっている状態になるため、姿勢が悪くなり、体の軸のバランスが崩れて当然他の箇所にも影響**をきたします。背中の脊柱もゆがんでしまうため、腰痛になってしまうのも仕方ありません。

こうして、腰に負担のかからない、痛みを感じにくいストレッチや、腹筋、背筋を中心とした体幹トレーニングを考案していきました。

●体幹部を筋肉のコルセットで覆う

KOBA式の腰痛改善策は、わかりやすくいえば腰周り（体幹）部分を強化して、骨盤のゆがみを矯正。さらに**体幹部を筋肉のコルセットで覆って、ゆがまないようにきっちり固めてしまう点**にあります。

ストレッチによって筋肉を伸ばし、血液の循環をよくしたら、いよいよ体幹トレーニング。**筋肉を伸ばしてから固める。これがキーポイント**です。腰痛に対する研究が進んでいなかったころ、腰の痛みを和らげるために、「腹筋や背筋などの筋力トレーニングを行いなさい」と指示する指導者やトレーナーも少なくありませんでした。

しかし、これだけでは改善されないケースがあったのも事実です。もちろんおなかの前部や背筋の強化は大切ですが、**それ以上に重要なのは、腹斜筋や腹横筋など**

人工のコルセットで腰痛緩和

おなかがたるみ、下っ腹が出る。

人工のコルセットで骨盤のゆがみを矯正。おなかも引き締まる。

人工のコルセットをつくるためにはおなかから背中、腰まで全体をバランスよく鍛えなければならない。

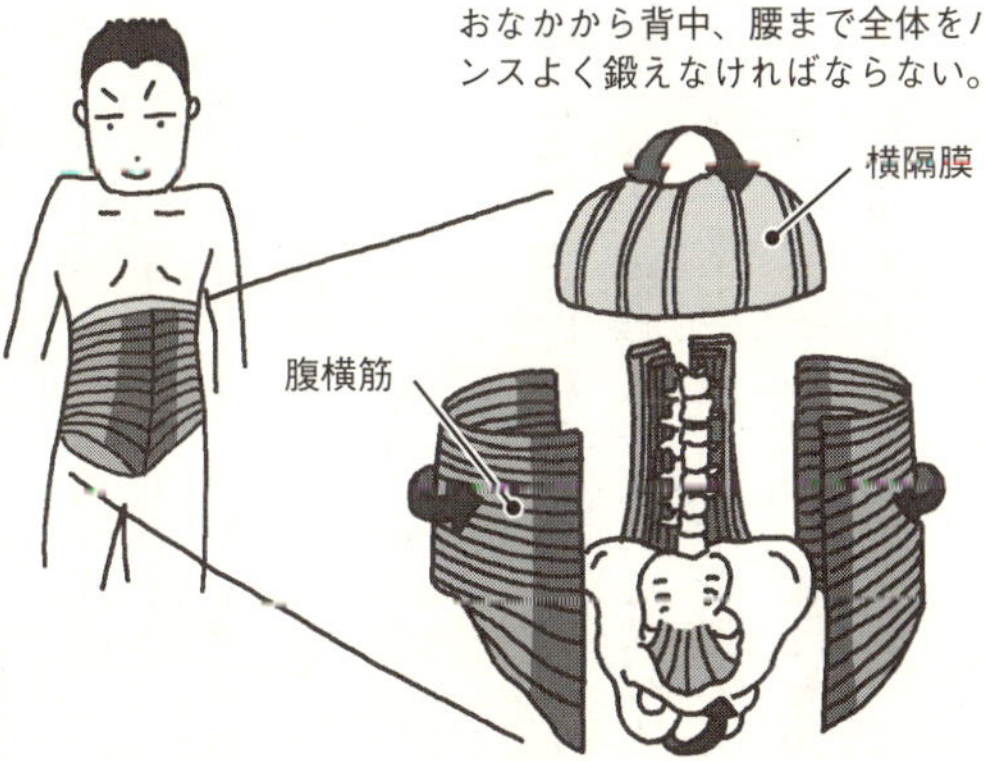

のおなかの〝横〟の筋肉です。ここを鍛えることで体幹部、つまり、おなかから腰、背中にかけての部分が筋肉で覆われます。こうして**体幹部をコルセットのように筋肉で包んであげることで、腰の痛みから徐々に解放されていく**のです。

腰痛は体のゆがみが原因となるケースが多いと言われています。体がゆがんでしまった結果、腰椎の骨同士がぶつかって腰椎分離症を発症したり、神経が圧迫されてヘルニアを引き起こします。体幹を鍛えれば、腹圧が高まり、脊椎から腰椎にかけての部分が正しい形に戻ります。こうした姿勢改善によって、腰痛の原因を取り去るのです。

特に重要な筋肉が、背骨から始まり、おなか全体を包むように構成されているインナーマッスルの腹横筋です。人間の腹部は前面に骨がなく、腹腔《ふくこう》と呼ばれるスペースに内臓が詰まっています。そのため、腹横筋などのインナーマッスルが腹腔を支え、内臓を守っているのです。**この筋肉がしっかりと鍛えられていれば、腹圧も高まり、内臓も正しい位置に収まって、まっすぐな背すじを維持できます。**

このように、体幹部の周りを筋肉のコルセットで覆うことは、腰痛対策に大きな効果をもたらします。**腹斜筋や腹横筋などわき腹の筋肉を意識しながら、バランス**

よく筋力アップをはかることで、腰痛の悩みをぜひ解消していきましょう。

●骨盤を正しい位置に戻すこともポイント

腰痛は、日常生活においても、さまざまな弊害をもたらします。

まず腰をかばうあまり猫背になって姿勢が悪化します。少しの時間、立っていただけで腰に張りが出てきて、電車でもまっすぐに立っていられない。少し前屈しただけで、背中から腰部にかけての部分がつりそうになる。長時間歩くと、太もも前部の筋肉が張る。デスクワークで時間が経過すると、首や背中、腰にかけてコリや張りを覚える。階段の昇り降りがスムーズにできない。イスから立ち上がる際に痛みが出るなどなど……。

これらはほんの一例ですが、腰痛持ちの方には、身に覚えがある症状ばかりだと思います。体の一部をかばうと、それだけで体の骨格バランスに狂いが生じます。

腰痛改善のベストな方法が体幹トレーニングであることは、前項で説明しましたが、**簡単なストレッチを毎日継続して行うだけでも、かなり効果があります。**いずれも姿勢の悪さからくる骨盤のゆがみが原因ですから、骨盤を正しい位置に戻すストレッチで、解消していきましょう。

●骨盤の傾きを直す

骨盤は本来、まっすぐに立っているのが正常な状態です。しかし、体幹部の筋肉に柔軟性がないと、前後に傾いてしまいます。つまり**骨盤を本来の正しい形である、まっすぐに立った状態に戻すことができれば、腰痛も和らぐ**のです。

骨盤が前傾している場合に特に有効なのは、太もものストレッチです。太もも前部の筋肉が硬く縮んでしまっていると、その筋肉に引っ張られて、骨盤は前傾します。この症状を改善するためには、ヒジを立てて横向きに寝た状態で、上になった足首を持ち、かかとが臀部につくくらいまで引っ張るストレッチが有効です。また、太もも裏の筋肉を伸ばすストレッチも効果的。太もも全体の筋肉の柔軟性を高めて、前に傾いた骨盤を正しい位置に戻してあげてください。

骨盤が後傾してしまっている場合には、体幹周りの筋肉を伸ばしてみましょう。股関節付近をはじめ、お尻、背中、腰など、体幹につながる筋肉をストレッチすることで、後ろに傾いていた骨盤が正しい位置に戻ります。

どちらの場合もストレッチ後に体幹トレーニングを行うと腰痛対策に万全です。

●日常で起こりやすいぎっくり腰を防止

慢性的な腰痛に加えて、一般の方がもっとも陥りやすい腰の症状が**"ぎっくり腰"**です。ふとしたきっかけで急に腰部に痛みが走り、その場で動けなくなった経験をお持ちの方もいらっしゃるでしょう。

ぎっくり腰を起こしやすいケースとして、引越し作業や掃除の際に、腰をしっかり落とさないまま、重いものを持ち上げようとしたときがあげられます。こうした非日常的な動作に限らず、くしゃみひとつで起こってしまう場合もあります。それほど、誰にでも日常生活で起こりやすい症状といえます。しかし、ぎっくり腰も、KOBA式の体幹トレーニングを行っていれば、未然に防ぐことができるのです。

●バランスのいい筋肉と正しい姿勢がカギ

原因のひとつとしては、**筋力バランスの悪さ**があります。たとえば、日常的に腹筋運動をしている方がいたとします。結果、**おなか前部の筋力は高まりますが、わ**

き腹や背部の筋肉を含めた筋力バランスが崩れます。そして腰部を中心とする他の筋肉に負荷がかかって、ぎっくり腰になってしまうのです。

結局のところ腰痛をはじめ腰周りの症状は、筋力バランスが悪くなったときに起きやすいと考えればいいでしょう。

姿勢も重要です。**人間は正しい姿勢でまっすぐ立っているだけでも、腰に相当の負担を強いています**。一般的には、体重の1・2から1・4倍の負荷がかかっているといわれます。そのため、猫背や骨盤の傾きなど、姿勢が悪くなると、さらに大きな負担が腰にかかっていることになります。ぎっくり腰のリスクが高まるといえるでしょう。

また大人ばかりでなく、まれに子どもにもぎっくり腰に似た症状が起こることもあります。子どもの場合は、主に運動中が多いのですが、筋肉を過剰に酷使したり、限界を超える動作を行ったときは危険です。子どもは大人に比べて、筋肉に柔軟性があり、症状はそこまでひどくなりませんが、ぎっくり腰はクセになりやすいので、注意するようにしてあげてください。練習や試合前後のウォーミングアップで入念に腰周りのストレッチを行うのもひとつの対策です。

第2章

KOBA式「体幹」トレーニングとは?

1 KOBA式「体幹」トレーニングの特徴はストレッチにあり

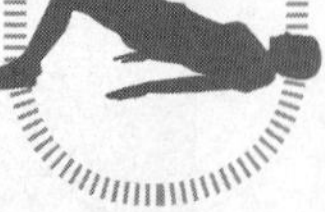

●ストレッチを入れることで筋肉に柔軟性を持たせる

現在では多くの「体幹」をうたった書籍が発売され、またメディアでも注目されるようになってきています。近年、長友佑都選手（インテル）をはじめ、さまざまなスポーツ界のアスリートが体幹トレーニングに取り組んでいます。そして、その映像を見た一般の方も健康のために、体幹トレーニングを行う方が増えてきているのは、うれしいことです。

トレーナーの方によって「体幹」トレーニングに対してもいろいろなお考えがあると思いますが、P57でも触れたように、KOBA式では体幹トレーニングの前に必ずストレッチを十分に行うようにしています。

なぜ、体幹トレーニングを行う前にストレッチが必要なのでしょうか？　私はこ

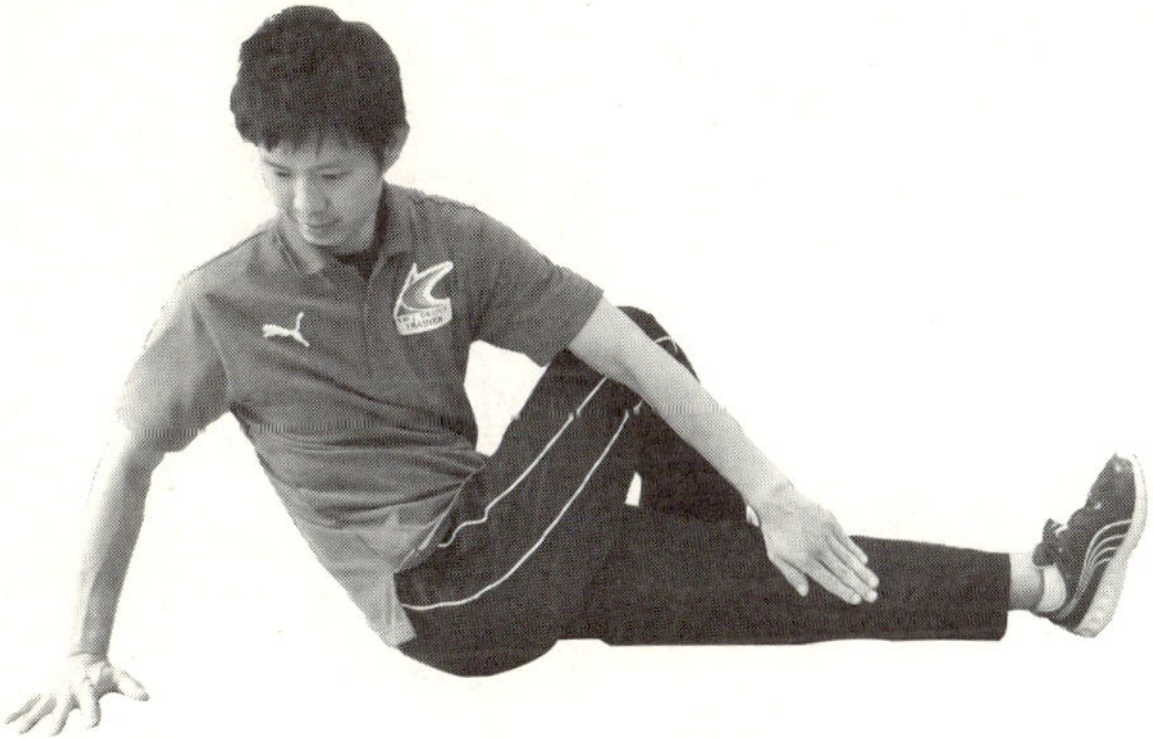

腰周りのストレッチ。息を吐きながら、顔と上体を同じ方向へ向けることで脱力感が増し、大きく筋肉を伸ばせる。腰の回旋がスムーズになる。

れまでの経験を通じて、**腰痛などケガをしやすい人は、押しなべて筋肉に柔軟性が不足し、体が硬い**ことに気づきました。柔軟性に欠けたまま、過度な筋力トレーニングを繰り返すことで、症状を悪化させる悪循環に陥っていました。これでは意味がありません。そこで私は、体幹トレーニングを行う前に、ストレッチを取り入れることにしました。この方法は、効果抜群でした。ストレッチによって、それまで凝り固まっていた筋肉がほぐされ、関節の可動域も広がり、ケガが格段に減りました。また、筋肉に刺激が入りやすくなり、トレーニング効果も増したのです。

●インナーマッスルとは

インナーマッスルは、深層筋とも呼ばれ、骨に近い体の奥にある部分に位置し、姿勢の維持や、関節の可動をスムーズにするなどの役割を担う筋肉です。体の根幹ともいえる重要な役割を担っています。

また、アウターマッスルが自らの意思で動かせる**自律筋**であるのに対し、**インナーマッスルは自らの意思では動かせない他律筋。体幹トレーニングにおいては、主にこの意思通りには動かないインナーマッスルを入念に鍛えていきます。**

●ひとつの筋肉だけでなく、周囲の筋肉と連動させる

主なインナーマッスルを紹介しましょう（P12、P13参照）。脊柱を支え、上体をうしろに反らしたり、重いものを持ち上げるときなどに作用する「**脊柱起立筋**」。腹部を覆うように構成され、体幹部や骨盤を安定させるのに役立つ「**腹横筋**」。背骨から太ももの付け根に伸び、歩行や走行の際、太ももを引き上げる役割を果たす「**腸腰筋**」などがあります。

インナーマッスルは基本的に骨際についており、特に人間の背骨である脊柱を安定させ、正しい姿勢を保つことが大きな目的です。

脊柱を積み木に置き換えて考えてみましょう。本来、脊柱はインナーマッスルに支えられ、きれいに積みあがった積み木のようにまっすぐ伸びています。しかし、インナーマッスルが弱いと、その正しく積みあがった積み木がずれる、つまり脊柱にズレが生じます。そうすると積み木が崩れるかのように、骨盤のゆがみや姿勢の悪さにつながり、健康面でさまざまな弊害が起きます。スポーツでも、思うような成績が出ないばかりか、体のバランスが崩れた状態にもかかわらず、成績を伸ばそうとより一生懸命練習に励んで、遂には深刻なケガを招いてしまうことにもなりかねません。

インナーマッスルは意識的に動かすことが難しい筋肉ですから、トレーニングによって意識的に刺激を入れ、その周囲にある筋肉も連動して動かせるようにしなければなりません。もし、インナーマッスルが強化されておらず、筋肉の連動性もない状態では、急に横から押されたときなどに体勢が崩れ、脊柱にズレが生じ、腰の痛みに襲われるケースもあります。

ボディビルダーのように、アウターマッスルがしっかり鍛えられていても、中のインナーマッスルがきちんと鍛えられず、筋肉をうまく連動させられなければ、ちょっとした弾みで、腰痛を発症することは十分に考えられます。それほど人間にとって、インナーマッスルは重要な筋肉なのです。

このように体幹を強化するうえで、重要なピースとなるインナーマッスルですが、**ただ鍛えるだけでなく、柔軟性を持たせることも大切**な要素です。

体を前に倒す、うしろに反らす、横に倒すなど、こうした動きをする際にインナーマッスルは大きな役割を果たします。そして、これらの動きをバランスよくできるように、筋力バランスを整えることが大切です。

たとえば、腹筋と背筋を一生懸命行っているので体を前後に倒す筋肉は鍛えられていますが、横に倒すときは弱いという方も実際に多くいらっしゃいます。そういう状態だと、腰をひねっただけで腰痛になってしまうことも十分にありえます。

正しい姿勢を維持しながら、前後左右どのような体勢でもぐらつかない、柔らかく強いインナーマッスルをつくることが、ケガや障害を防ぎ、健康的な体を手に入れるカギとなります。

●アウターマッスルとは

アウターマッスルとは、表層筋とも呼ばれ、体の表面に近い部分にある筋肉を総称して呼んでいます。力こぶや大胸筋を想像してもらえるとわかりやすいのですが、自分の意思で力を入れることによって動かすことができます。特にアスリートにとっては重要です。手足をはじめ、体の各部位をダイナミックに動かす筋肉であるため、大きなパワーを生み出す源にもなるからです。

つまり、アウターマッスルの大きな役割は、瞬間的なパワーを生み出す点にあります。すべてのスポーツに共通する、走るという動作はもちろん、野球でボールを投げる、打つ、サッカーでボールを蹴る、バレーボールやバスケットボールで高く跳ぶ、ゴルフのドライバーのインパクトの瞬間など、スポーツの多くの動作は、アウターマッスルを動かすことで、瞬間的にパワーを生み出しています。

●スポーツの動作に大きく関わる筋肉

体幹に関わるアウターマッスルの主な筋肉には、次のようなものがあります。背骨から左右に広がるようにつき、腕を後方に引いたり、上部に伸ばしたりするときに作用する「**広背筋**」。わき腹にあって肋骨と骨盤につながり、体をひねる、あるいは横に倒すといった際に作用する「**腹斜筋**」「**腹横筋**」。おなかの中心にあり、強化することで脚部との連動性を高め、体を前に倒すときに作用する「**腹直筋**」。骨盤を支えて姿勢を維持し、体幹部を安定させるのに必要不可欠なお尻の筋肉である「**大臀筋**」「**中臀筋**」。これらの筋肉が、スポーツ動作において、プレーに力強さやスピードを加え、日常生活でも、歩行や階段の昇り降りなどを行う際に使われるのです。

このように、インナーマッスル同様、スポーツや日常生活のあらゆる面で使われる筋肉ですから、KOBA式メソッドにのっとって、体幹トレーニングを行う前には、ストレッチを行うことが大切になってきます。筋肉を伸ばすことが、たまった疲れを取り除き、トレーニングの効果を高める作用があるためです。

特にスポーツ動作に関わってくるのが、アウターマッスルの特徴。十分にストレッチをし、体幹トレーニングを含めた練習メニューを十分に行うことが、ケガの予防につながります。

たとえば、皆さんは、プロ野球のピッチャーが、わき腹の肉離れで長期離脱を余儀なくされたというニュースを聞いたことがないでしょうか？　これはプロ、アマを問わず、投手によく見られるケガですが、上半身をひねる筋肉、つまりアウターマッスルの腹斜筋に余計な負荷がかかることで起こる症状です。

しかし、投手に起こりやすいケガも十分にインナーマッスルが鍛えられ、体の柔軟性もあり、骨盤を安定させるためのお尻の筋肉がついていれば、上半身をしっかり支えることができるので、無駄な体のひねりが減って、肉離れが起きません。つまり、投げる動きに限らず、多くのスポーツ動作は、さまざまな筋肉が複合的に動くことで成り立っていますから、骨盤を安定させるうえでも**インナー、アウターともに、バランスよく強化することが重要**になってきます。

アウターマッスルの強化には、もうひとつメリットがあります。それは、**見た目に美しい体を手に入れられる**ことです。腹直筋を鍛えることで一般に言う、**腹筋が六つに割れた状態**になり、また広背筋を鍛えることで**逆三角形の体**になれます。もちろん、機能的な体をつくることが体幹トレーニングの一番の目的ですが、結果として、彫刻のように美しい体をつくりあげられるのです。

●反動をつけたり、間違ったフォームでは効果なし

体幹トレーニングがブームになったことで、取り組む人たちの数が、ここ数年で格段に増えました。しかし、急速に広まったために、**間違った形で体幹トレーニングをしている人が増えている**という現実もあります。

たとえば、腹筋を行う際に**体に反動をつけてトレーニングを行ってしまうケース**です。こういう方は、「以前は10回しかできなかったのに、30回もできるようになった」と、回数ばかりを求める傾向にあり、これでは本質的な体幹の強化につながりません。骨盤が安定せず、腰を反らせたりして、脊柱起立筋に余計な負荷がかかり、腰痛を発症しやすくなります。

前述したように、体幹トレーニングにとって重要なのは、インナーマッスル。この**深層筋にしっかり力が入っていなければ、鍛えるべきところが鍛えられず、外見だけのトレーニングになってしまいます**。体幹トレーニングを行う際は、このインナーマッスルを使えているかどうかに注意しながら、取り組んでいきましょう。

また、正しいフォームで行えているかどうかも重要です。上の写真のメニューの

骨盤が安定し（腰がねじれていない）、体のバランスが整っているとインナーマッスルにしっかりと刺激が入る。

場合は、ヒジで体全体を支えますが、この際、骨盤は傾かないようにしなければいけません。

また、左手を前方にまっすぐ伸ばすと、とても不安定な体勢になります。しかし、この状態のまま正しいフォームをキープすること（骨盤がしっかり安定し、上半身がブレないように固定する）で、普段使われにくいインナーマッスルに刺激が入るようになるのです。実践していただくとわかりますが、徐々に腹筋が熱くなっていくはずです。これこそ体幹トレーニングの効果です。まずは正しいフォームを意識してください。

●機械を使ったトレーニングのメリット&デメリット

体幹トレーニングは、**自体重だけを使って行うことが大きな特徴**のひとつです。自体重とは読んで字のごとく、**自分の体重**のこと。スポーツクラブで見られるような特殊なマシンを使うことなく、自分の体重を負荷にして、トレーニングを進めていきます。この大きなメリットは、**過剰な負荷が体にかからないことでケガをしにくい**、そして、特別な道具が必要ないため、**自分が行いたいタイミングで、トレーニングに取り組める点**にあります。安全に、なおかつ時間を気にすることなく行えるのは、体幹トレーニングの大きな魅力といえます。

では、自体重を負荷にして行う体幹トレーニングに対し、マシンを使った筋力トレーニングの利点はどこか？　それは、ケガを防ぐために、**パーツごとに強化**できるという点にあります。

たとえば、サッカー選手が、太もも裏の筋肉であるハムストリングスを肉離れしたとしましょう。ハムストリングスは、足を引く、あるいは振る動作に大きく作用するため、肉離れしてしまうと、踏ん張りが利かなくなり、走れないばかりかボールも蹴られなくなるというのが一般的な症状です。このとき、トレーナーは、太ももも裏のどの部分に張りが出ているかをチェックし、筋肉をマッサージやハリで柔軟性を持たせ、血流を促します。そして筋肉が太くなるようなトレーニングを行い、患部の痛みが引いてきたら、マシンを使って、負傷によって弱った筋肉を回復させるメニューを組み込むのです。

マシンを使ったトレーニングは、そのマシンの特性によって、鍛えられる筋肉が決まっていますから、ひとつのパーツに照準を合わせて、強化することに向いています。**細かいパーツに合わせた強化。それが、マシンを使用したトレーニングの一番のメリット**です。

しかし、デメリットもあります。ハムストリングス強化のマシンを例に出すと、ヒザの角度や重量、セット数や回数などの知識を理解していなければ、逆にその箇所に負担をかけてしまうケースがあるのです。マシンを使用したトレーニングを行う場合は、自分の筋力や柔軟性をきちんと把握して、ハムストリングスの状態に合わせて、重量やセット数を決めなければなりません。マシンを使用する際は専門のトレーナーの指導のもと、無理のない範囲で行うようにしましょう。

2 事前のストレッチがなぜ重要なのかを理解しよう

●体幹トレーニングの前にストレッチを！

体幹トレーニングを行う前に、ストレッチに取り組む意味や、そもそもストレッチが人間の体にどういった効果をもたらすのかをお話しします。

このように書いてしまうと、皆さんは何か特別なKOBA式ストレッチメニューがあるように思われるかもしれませんが、ここで書いているストレッチとは、テレビや雑誌、インターネットで紹介されているような、とても一般的なものを意味しています。

ストレッチを取り入れると、たくさんの効果が得られます。凝り固まった筋肉を十分に伸ばしてほぐすことで、関節の可動域が広がり、体を動かしやすくなります。筋肉に刺激が加わることで動かしやすくなるため、スポーツをする前に行えば、ケガ予防のみならず、より高いパフォーマンスを発揮できるようになります。また、リラックス効果も高いので、仕事の合間などに行えば、体をリフレッシュさせ、気持ちを切り替えて仕事に臨めるでしょう。このような効果を得られるのがストレッチなのです。

●年齢とともに硬くなる体をストレッチでリセット

人間の体は、年齢を重ねるごとに硬くなり、柔軟性を失っていきます。お年寄りで、腰が曲がり、上体が前に傾いてしまっている方がいますが、これも体から柔軟性が失われたことが原因です。関節が固まっているうえに、さらに筋肉が縮んで関節を引っ張ってしまっているため、上体が前傾する体勢になります。

この筋肉や関節が固まり、縮んだ筋肉が関節を引っ張っている状態は、何もお年寄りだけに限りません。たとえ年齢が若くとも、**腰痛を持っている人、肩こりの人、ヒザに痛みを抱えている人などは、やはり、関節が硬く、筋肉にも柔軟性が欠けています。**整形外科、整（接）骨院や、スポーツクラブやJリーグクラブなどで、このような症状を持った患者さんを診てきましたが、やはり共通しているのは、関節と

しっかりと前足の膝を曲げて、体重を前にかける。こうすることで、うしろ足の太もも裏が十分に伸びる。体幹トレーニング同様に、フォームは正確に。

筋肉の硬さでした。これらの硬さを解消してくれるのがストレッチです。

ただ無意識に筋肉や関節を伸ばしても、それほど高い効果は得られません。**フォームが重要なのです**。たとえば、膝を曲げて、わき腹を伸ばすストレッチで膝を曲げていないと、体のひねりが足りず、うまく伸びません。ストレッチの際は伸ばしている箇所を意識しながら行いましょう。

伸ばしすぎによるオーバーストレッチにも要注意です。伸ばしすぎると、逆に筋肉や関節を痛める危険性があります。筋肉や関節に心地よい張りを感じる程度におさめましょう。

●脊柱を安定させるうえでもストレッチは不可欠

ストレッチというと、ただ関節や筋肉を伸ばすだけのように思われがちですが、目的はそれだけにとどまりません。

ストレッチによって脊柱を安定させ、正しい姿勢を保持し、腰痛予防やスポーツのパフォーマンスアップにつながることにも役立ちます。姿勢の良い方は脊柱の一つひとつの骨がずれることなく、まっすぐに整っており、積み木で言えば、整然と積まれた状態です。これは、脊柱を支えるインナーマッスルの脊柱起立筋などに柔軟性が保たれている証拠で、**骨自体が適切な範囲で〝しなる〟ため、突発的な骨のズレなどが起きにくくなります。**

しかし、姿勢の悪い方の脊柱は、整然と積まれた状態ではなく、今にも崩れてしまいそうなほど不安定です。筋肉自体にも柔軟性がなく、硬い筋肉が骨を引っ張っているため、ちょっとした弾みで筋肉が脊柱を引っ張ってずらし、ぎっくり腰などの症状が起こってしまいます。

そのためにも、体幹トレーニングに取り組む前にストレッチを行い、筋肉に柔軟

■人間の脊柱を積み木にたとえると

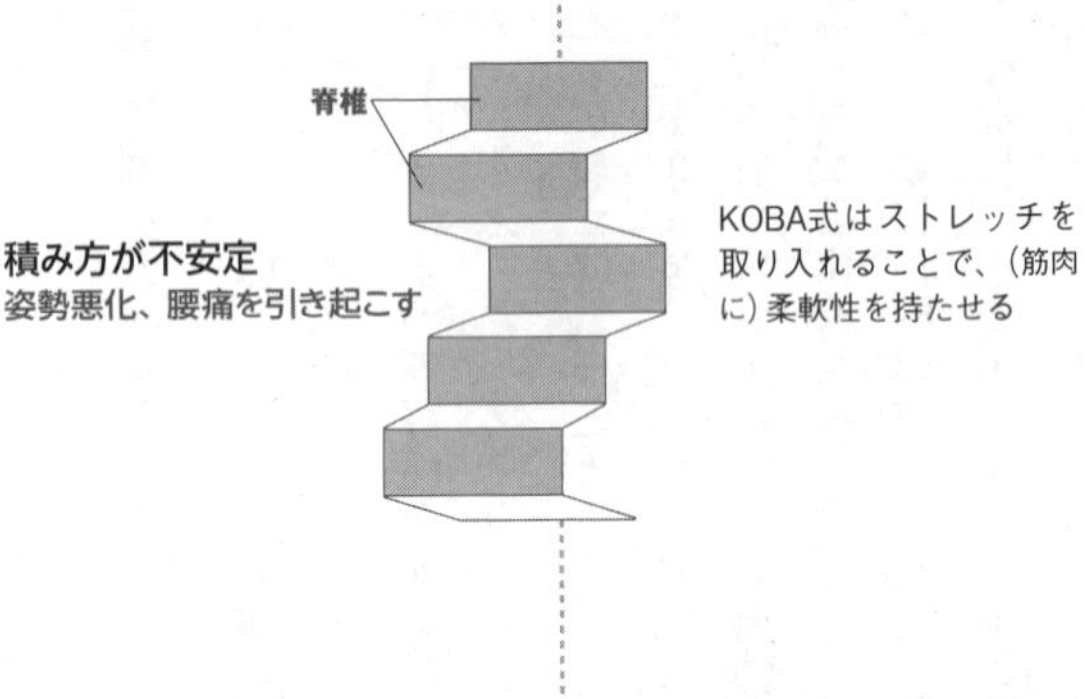

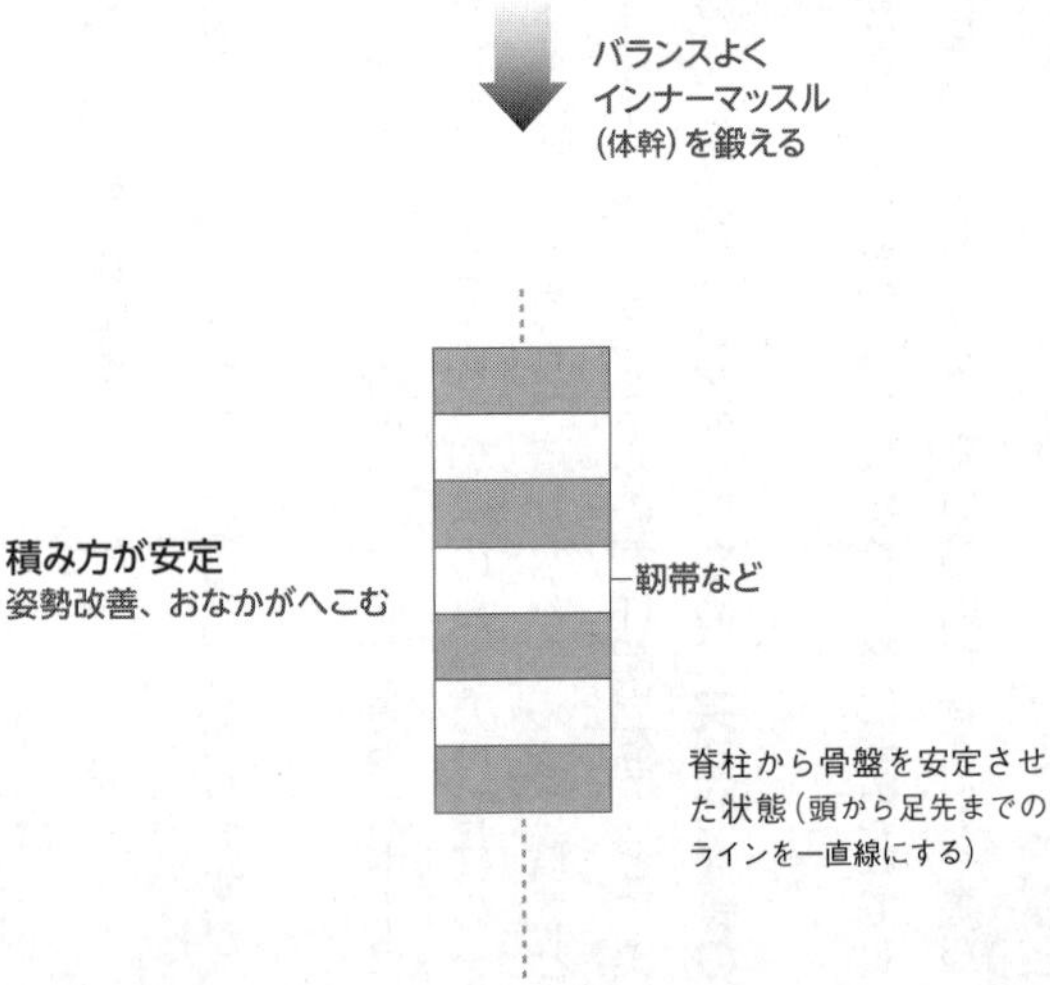

性を持たせ、インナーマッスルで脊柱を安定させることで、正しい姿勢がつくられ、ケガの予防につながります。

●ストレッチはトレーニングでの筋肉への刺激を高める

実際、体幹トレーニングを続けてきたアスリートでも、腰痛になる選手はいます。原因として考えられるのは、腹筋や背筋など体幹部の前後の筋肉は鍛えられていても、わき腹や横の筋肉が強化不足により、体幹部のアンバランスが生じます。また事前にしっかりとストレッチを行わなかったことで体幹部が柔軟性に欠け、脊柱や骨盤をしっかり支えられる筋力が足りなくなり、姿勢などが悪化して腰痛になるのです。

また**ストレッチには、体幹トレーニングの効果を高める作用もあります**。筋肉を伸ばすことによって、そこから生み出されるパワーの出力（血行の促進）が高まり、部位に刺激が入りやすくなる（神経が促通され筋肉が鍛えられる）のです。周りの関節や筋肉にも出力が伝わりやすくなりますから、トレーニングにおいて、より力を入れやすい状況をつくることができます。

●ストレッチがもたらす血管のポンプ効果と神経の促通

ストレッチを行うと、体幹トレーニングに高い効果をもたらすのはどうしてでしょうか？　より具体的な理由を説明していきましょう。

ストレッチによって、血液のポンプ作用が働きます。筋肉を伸ばすと、固まっていた筋肉とその周囲の毛細血管が緩みます。**血管が緩めば、それまで細くなっていた血管が太くなり、血液を送り出すための「ポンプ作用」が機能するので、血液循環がよくなる**のです。

その結果、他の周囲の関節や筋肉に神経や血液が行きわたるようになり、体全体に力が入りやすくなります。皆さんは、腹筋のトレーニングをはじめたとき、筋肉がプルプルした経験はありませんか？　その原因は腹筋の一部しか使われていないため、出力が筋肉全体に伝わっていないからです。体内に酸素を運ぶためのヘモグロビンの量も増加しますから、体に力が入り、動かしやすくなるのも当然です。

さらに、腱などにある固有受容器（外からの刺激を受けて反応するセンサー）に刺激が加えられ、体が動きやすくなる面もあります。ストレッチによって、体の神経

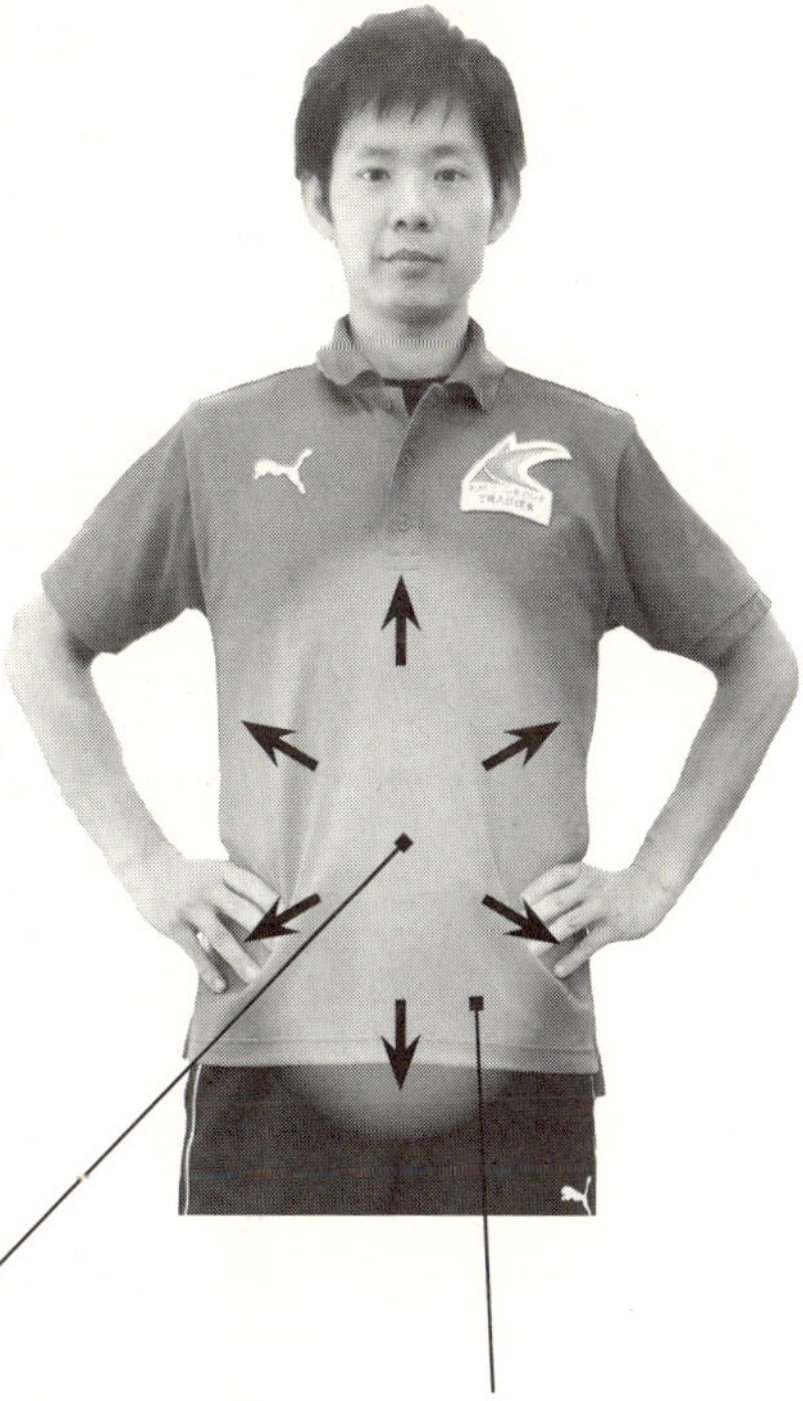

✕ **ストレッチをせずに体幹トレーニング**

血行がよくないと筋肉全体に出力が伝わりづらく、力が入らない。

○ **ストレッチをしたあとで体幹トレーニング**

ストレッチを行ってから、体幹トレーニングをすることで、周りの筋肉や神経に出力が伝わり、筋肉全体に力が入りやすくなる。だから、事前のストレッチが重要。

細胞同士をつなぐシナプスの働きがよくなり、体の末端にまで神経が伝わるようになるからです。これは**神経筋促通法**とも呼ばれ、脳脊髄障害の治療にも応用されているほどです。

また、**血液の循環がよくなれば、疲れにくい体にもなれます**。血液を通して体内に酸素を運ぶ役割を果たすヘモグロビンの働きが活発になり、さらに栄養素も全身に行きわたるようになるため、疲労の原因となる乳酸がたまりにくくなるのです。

筋肉の内部にとどまった乳酸は、筋肉を酸化させて筋活動を不活発なものにし、筋疲労を起こしてしまいます。しかし、ストレッチによって、体内の血液循環を良好な状態にしておくと、乳酸は血液の流れとともに運び出され、エネルギーとして利用されます。また日ごろのストレッチにより、関節の可動域が広がって動きがスムーズになり、体が動かしやすくなります。

実際に、KOBA式の体幹トレーニングに取り組むアスリートたちも「ストレッチをしてからの方が、体が動きやすくなる」「体も疲れを以前ほど感じない」と口をそろえます。この言葉が示すように、ストレッチで体内の血流を促し、筋肉に刺激が入りやすい状態をつくってから、体幹トレーニングを取り入れることが重要です。

●ダンスの授業の前にストレッチを！

ストレッチは、子どもたちにも取り組んでもらいたいと考えています。子どもには**8～12歳くらいにゴールデンエイジと呼ばれる、神経回路が発達し、運動神経が高まってくる大切な期間があります。この時期にしっかりと体を動かさなければ、運動神経の発達が妨げられてしまいます。**

子どもたちが体を動かす機会が減ってきている今、ぜひ体育の授業で、ストレッチを含めた体幹トレーニングを行ってほしいと思います。運動不足の子どもたちは、ストレッチだけでも取り組めば、ケガの予防や、姿勢悪化の防止にもなります。

2012年度より、中学校の体育の授業でダンスが必修科目になりました。これは近年のダンスブームに加え、運動不足を改善しようという目的があると思います。できれば、ダンスを行う前にもストレッチと体幹トレーニングを取り入れてほしい。いきなり激しいダンスを踊ることは関節などに負担がかかりやすくなってケガをする可能性もあるからです。運動前にきちんとストレッチで筋肉を伸ばしてからダンスを行うように心がけてほしいと思います。

●関節の可動域を広げる静的ストレッチ

障害の予防やリラックス効果、さらには体幹トレーニングの前に行うことで、血流を促し、トレーニング効果を高めるストレッチ。この筋肉や関節を伸ばすための運動には、大きく分けて「**静的ストレッチ**」と「**動的ストレッチ**」の2種類の方法があります。まずは、一般の方でも簡単に取り組むことのできる「静的ストレッチ」から説明していきましょう。

静的ストレッチは、頭と上半身をつなぐ首、腕と上体をつなぐ肩など、体の橋渡し的な役割を果たす大きな関節をしっかりと伸ばし、スムーズに動かせるようにすることが目的です。また、呼吸をしながら、自然に筋肉を伸ばすという意味では、リラックス効果も生まれます。

●日常生活でも有効なストレッチ

一般の方にもぜひ、毎日数分程度で結構なので、静的ストレッチを取り入れていただきたいと思っています。日常生活でも必ず役立ちます。たとえば、モノを取る

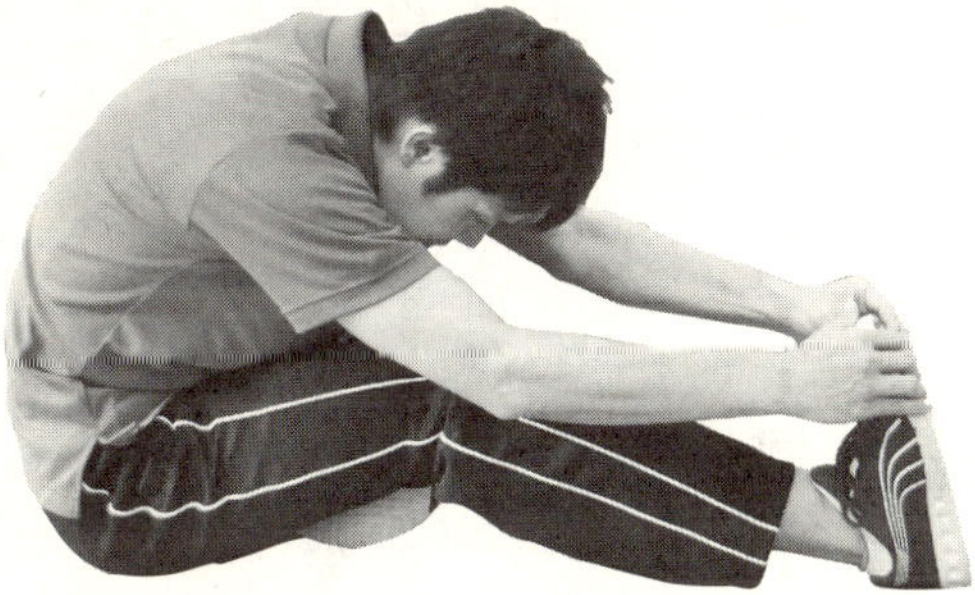

大きな関節部分にある筋肉を伸ばすのが「静的ストレッチ」。（写真では、太もも裏のハムストリングスを伸ばしている）

動作ひとつにしても、日頃から静的ストレッチを行っておけば、関節の可動域が広がり、スムーズになるでしょう。くしゃみをした弾みに、ぎっくり腰になるリスクや、慌てて走って電車に飛び乗る際に、アキレス腱を断裂したり、転倒して捻挫するリスクも減ります。また、トレーニング後のクールダウンにも効果を発揮します。酷使した筋肉を伸ばしてリラックスし、疲労回復をはかりましょう。

簡単にできるものばかりですから、仕事や家事の合間、起床後、就寝前などに継続的に行うことが大切になってきます。

●筋肉を動きやすくさせる動的ストレッチ

大きな関節の可動域を広げることで、スムーズな動きを生み出すことが目的の静的ストレッチに対し、動的ストレッチは、スポーツや激しい肉体労働を行っている人向けのストレッチといえるでしょう。

体に反動をつけて、関節や筋肉を伸ばすメニューが多いため、より血流を促進させ、筋肉を動かしやすくさせるからです。なかでも、筋肉と骨の結合部分である腱に、より高い刺激が加わります。この腱は、人間の体にとって大切な箇所です。固有受容器と呼ばれる、外からの刺激をキャッチし、それを脳へと伝えるセンサーがあるため、筋肉自体をより動かしやすくする役割を持っているのです。

●軽いジョギングと同じくらいの効果

このように腱と筋肉を瞬間的に伸ばす静的ストレッチに比べて、より関節の可動域を広げ、血流を促進させる動的ストレッチですが、ジョギングを例に出すと、わかりやすいかもしれません。たとえば、動的ストレッチには「反動をつけて、アキ

体に反動をつけながら、より血液循環を促すのが「動的ストレッチ」
（写真では、足を大きく振り上げて腰付近の腸腰筋や太もも裏のハムストリングスを伸ばしている）

レス腱を伸ばす」というメニューがありますが、これを行うことによって、筋肉と腱がギュッと伸び、力が入りやすくなります。軽いジョギングと同じくらいの効果を生むため、このストレッチを行ったあとは、ランニングメニューをスムーズにこなせるようになります。

アスリート以外の一般の方は、より正しくストレッチで柔軟性を高めるためにも、まずは静的ストレッチで固まった筋肉をほぐし、次に動的ストレッチで腱に刺激を入れて筋肉を動きやすくさせるという流れにしていただきたいと思います。

体をリラックスさせて疲れをとる

ここまで、「静的」「動的」と2種類のストレッチについて説明してきました。関節の可動域を広げる、固まった筋肉を伸ばす、固有受容器のある腱を伸ばし筋肉を動きやすくさせるなど、具体的に体に表れる効果を中心に紹介してきましたが、ストレッチの効能は、まだまだあります。

ストレッチによって筋肉や関節を伸ばすことは、**心にもよい効果が生まれる**のです。多くの方が、スポーツの準備運動としてストレッチを経験したことがあると思いますが、ある種の〝気持ちよさ〟を感じたことはないでしょうか？　体を伸ばすことで固まった筋肉がほぐされ、一気に血流が高まり爽快感を覚える感覚です。これこそ、**ストレッチによる「リラックス効果」**です。

副交感神経を効果的に働かせる

「リラックス効果」には、副交感神経が大きく関わってきます。人間には体を維持していくために、自分自身の意思とは関係なく働く自律神経というものがあります。

この**自律神経は、緊張やストレスを感じたときに働く交感神経と、体を休めていてリラックスした際に働く副交感神経のふたつに分かれています。**よく、自律神経失調症という病名を見聞きすると思いますが、これは交感神経と副交感神経のバランスが崩れてしまい、気分的な落ち込みや、体のだるさ、不眠など、日常生活に支障をきたす症状が表れることを言います。

ストレッチに深く関係しているのは、心身をリラックスさせるときに働く副交感神経です。静的ストレッチによって、体内に酸素を取り込み、固まった筋肉や関節を伸ばすことで、副交感神経の活動が活発になり、体がリラックスした状態になります。実際に皆さんも仕事中に両腕を真上に伸ばしたり、首を横に倒すなどのストレッチを行っていませんか？　寝起きや仕事の合間、就寝前など、体がリラックスすることを求めているときには、簡単なものでかまいませんから、静的ストレッチをおススメします。

●運動不足の子どもたちにも効果的

リラックス効果の高いストレッチは、もちろん疲労回復を目的に行っても十分に高い効果を得られます。スポーツ後のクールダウン以外でも、たとえば、勉強や仕事などをしていて集中力が切れたときには、一度休憩時間を設けて、ストレッチを行ってみてください。固まった筋肉や関節がほぐされ、血流が促進し、頭の中もスッキリするはずです。

これほど効果が高く、しかも簡単にできるストレッチですから、私は、もっと子どもたちにも行ってほしいなと願っています。近年、新聞やニュースなどで報道されていますが、最近の子どもたちは我慢することができず、簡単に〝キレて〟しまう傾向があるようです。

その原因として、私は体を動かして遊べる環境が減ってきている点があげられるのではと考えています。適度な運動を行っていないと、筋肉や関節が固まりがちになり、脳にも十分な血液がめぐりません。結果、ストレスをため、急に怒りや不満が爆発してしまうのでしょう。ストレッチは血流がよくなって脳が活性化し、リラックスする作用もありますから、ストレスの発散には適切な運動と言えます。

ストレッチですべてを解決できるとはもちろん言いません。しかし、毎日少しでもストレッチを習慣づけるだけでも、意味はあると思います。

3 体幹トレーニングによって体にどんな効果があるのか？

●筋肉の連動性を高めて動作を楽に

体幹トレーニングは正しく行うことで、ポジティブな効果をあなたの体にもたらします。ＫＯＢＡ式メソッドは、事前のストレッチで筋肉に柔軟性を持たせ、筋肉により大きな刺激が入るようにするだけでなく、同時に筋肉の連動性も高めていきます。

筋肉の連動性とはどういう意味でしょうか。たとえば、スポーツにおいて、走る、ボールを投げる、ボールを蹴るといった動作や、日常生活で掃除をする、料理をつくる、高い（低い）位置にある荷物をとるなどといった動作を行うとしましょう。こうした場合に、ひとつだけの筋肉が動くよりも、たくさんの筋肉が連動して動いたほうが、その動作を楽に行えます。**スポーツ競技においては複数の筋肉が連動し**

て働けば、その分、力強さや推進力が加わるのでパフォーマンスアップにつながります。アンバランスで連動性のない体幹だと、ちょっとしたことで倒れやすくブレやすい状態になります。電車内で人とぶつかっただけで、大きくバランスを崩して、その弾みで簡単に転倒してしまうなど、ケガのリスクは高まってしまうのです。これはバランスよく体幹を鍛え、連動性を高めることでケガを防げます。

●体もスッキリ！　健康的な毎日に

体幹を鍛えることによって、**腹圧が高まり血液循環が改善**されます。その結果、必然的に体内の代謝が上がります。**筋肉量が増え、太りにくい体になる**でしょう。姿勢が改善され**猫背やポッコリおなか、腰痛などからも解放**されます。体幹周りの筋肉の内部には内臓がありますから、腹圧が高まって内臓の動きが活発になることで**便秘も解消**されます。

動きがスムーズになるだけでなく筋肉が連動して、手足に最大限のパワーが伝わりますから、スポーツでも結果が出ます。このように体幹トレーニングは、あなたの体を健康にし、快適な生活へ変えてくれることでしょう。

●メタボ対策も万全！　おなかがへこむ

この本を読んでくださっている方の中には、でっぷりとしたおなか、俗にいうメタボな体型を気にしている方もいるのではないでしょうか？

特にサラリーマンの方を中心に、悩まれている方も少なくないと思います。しかし、この「メタボ問題」も、体幹トレーニングは解決します。

下っ腹がぽっこりと出てしまったり、見た目はやせているが内臓脂肪が多いといった**〝おなかの問題〟は、実は姿勢の悪さと大きく関係**しています。

猫背の姿勢を想像してみてください。脊柱が大きくゆがみ、肩から上の部分が前傾してしまっている猫背は、体幹周りの筋力の弱さが原因です。特に腹横筋や腹直筋、腹斜筋など、おなかの周囲についている筋肉が弱いと、「腹圧」を高めることができず、姿勢の悪さにつながります。

「腹圧」とは、おなかの内部である腹腔と呼ばれる部分にかかる圧力のこと。**人間の姿勢は基本的に骨格によって保たれていますが、おなかの前部にだけは骨がなく、この腹圧によって、姿勢を維持**しています。

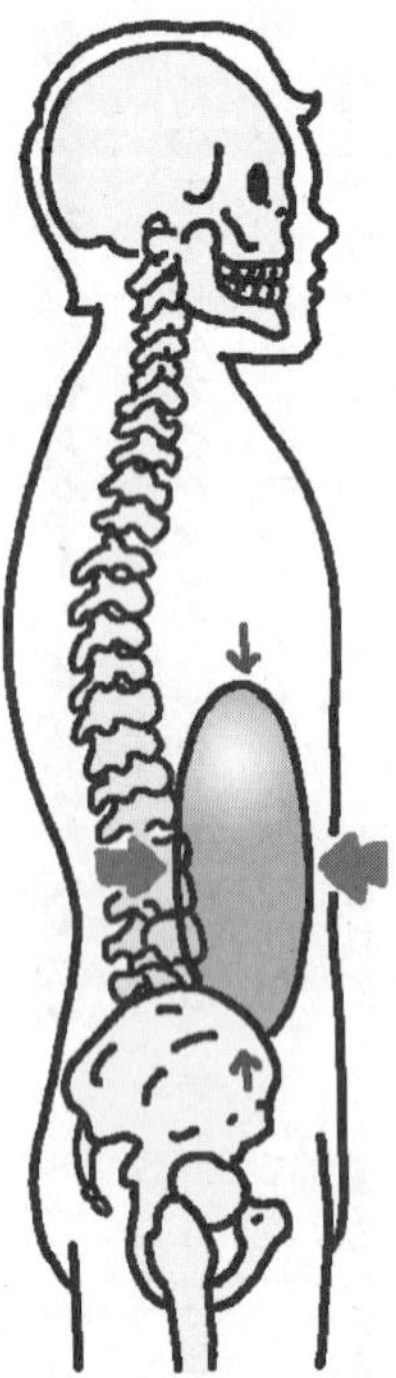

[腹圧が高い]

体幹トレーニングによって、腹圧が高まり、その結果、姿勢改善や骨盤がしっかりと立つようになる。その結果、美しいボディラインや健康的なカラダをつくる第一歩となる。

[腹圧が低い]

腹圧が低い場合、骨盤が前に傾いて姿勢が悪くなり、猫背や下っ腹が出たり、腰痛などの悪影響が出る。

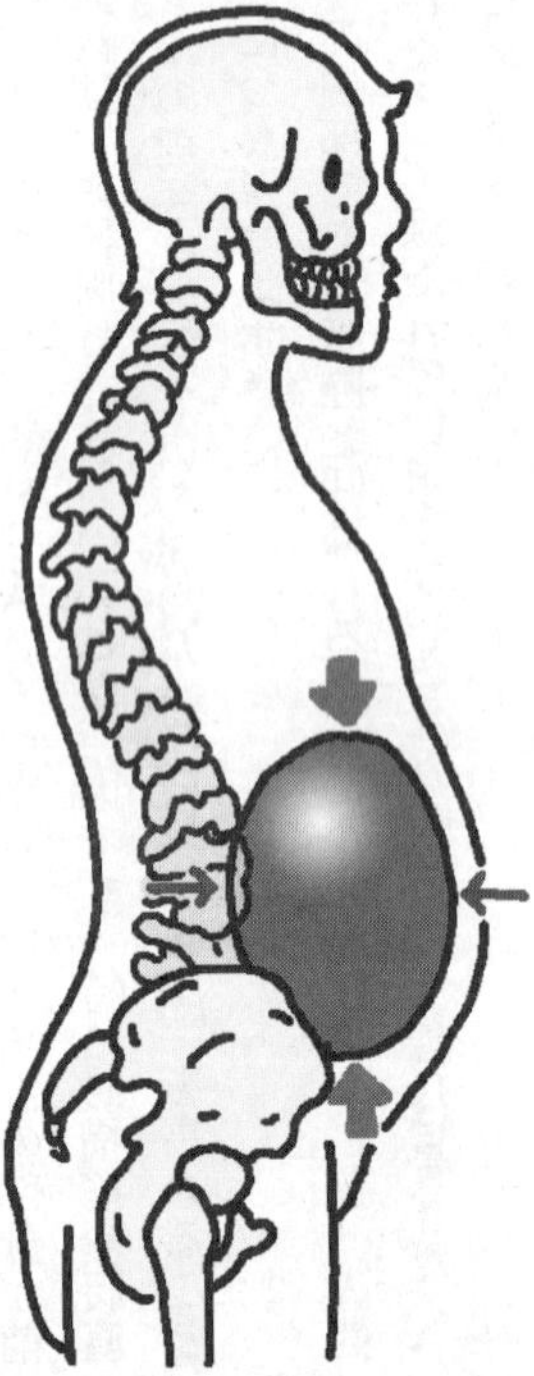

しかし、普段から運動不足の方などは、**腹圧が弱いために体幹周りが引き締まらないので、おなかが出てしまう**のです。さらには骨盤が前に傾き、背骨が必要以上に弯曲することで、姿勢も悪くなります。これが、腹圧と姿勢、ポッコリおなかの関係です。

前述したように、おなかの前部には骨がありません。そのため、腹腔内の腹圧は、おなか周りの筋力を強化することでしか高められないのです。

特に重要になってくるのが、腹腔を支えるインナーマッスル。腹直筋や腹斜筋などのアウターマッスルに加えて、冒頭で紹介したドローインで腹横筋や骨盤底筋群、横隔膜などのインナーマッスルを刺激して腹圧を高めるためのトレーニングが必要です。体の内側から、おなかを絞ることで、上記のインナーマッスルに刺激を与えることができます。

皆さん、ご理解いただけましたでしょうか？

つまり、**ポッコリおなかを解消するためには、体幹周りの筋肉を絞り、腹圧を高めること、脊柱から骨盤まで姿勢をまっすぐに安定させることが必要**になってきます。

●基礎代謝が高まり太りにくい体になる

おなかが出てしまう原因を前項で説明しましたが、おなかに限らず、太りはじめていることを気にしている方も多いと思います。特にサラリーマンの方は仕事も忙しく、生活も不規則になりがちで、深夜の時間帯に食事を取ってしまう方も少なくないでしょう。また、日々蓄積していくストレスから逃れるために、深酒をしてしまい、体重は増加する一方。体重を少しでも減らして、健康な体を取り戻したい。そう考えている方にも、体幹トレーニングはうってつけです。

●筋肉量を増やして、脂肪を燃えやすくする

ダイエットや減量を上手に行うためには、基礎代謝を高めることが大切です。基礎代謝とは、呼吸や内臓の働きなど、人間が生命を維持するために行う活動で消費されるエネルギーを意味します。この**基礎代謝は、人間が消費するエネルギーの約70パーセントを占めていますが、年齢を重ねるごとに、下がっていきます。**

よく「年を取って太りやすくなった」という言葉を耳にしますが、それは、この

基礎代謝の低下が大きな原因です。消費するエネルギーが下がってきているにも関わらず、若かった当時と変わらない量の食事をとってしまい、肥満という結果につながってしまうのです。

しかし、体幹トレーニングを正しく実践していけば、基礎代謝は確実に高まっていくはずです。体の深部の筋肉に刺激が入り、内臓の動きが活性化されるからです。また筋肉量の増加や筋面積の広がりによって、脂肪が燃えやすくなり、以前よりも引き締まった体を手に入れられます。さらには脂肪がつきにくくなり、太りにくい体にもなります。

●太もも、二の腕などダイエットにも最適

今度は、女性のダイエットという視点から体幹トレーニングの有効性を説明していきましょう。女性が特に気にする部分、特に細くしたいと思っているのは、太もや二の腕ではないでしょうか？

「太ももを細くして、美脚になりたい」「プルプルとした二の腕を何とかしたい」

多くの女性が抱える、こうした悩みにも、姿勢を良くするための体幹トレーニングは力を発揮します。

●細くなった筋肉を戻し隙間を埋める

太ももや二の腕に脂肪がついてしまう原因はハッキリしています。それは運動不足などにより、筋肉が細くなってしまっているからです。これが原因で筋肉の周囲に空洞ができ、太ももに余計な脂肪がついてしまったり、二の腕がプルプルしてしまったりするのです。

このような悩みを抱える女性に対して、私は次のようなトレーニングを行うよう

にしています。

太もものシェイプアップを目指す場合は、以下のメニューが効果的です。

背すじを伸ばしてまっすぐに立った状態でドローインをし、息を吐きながらヒザを曲げ、同時に両腕を後方に伸ばします。息を吸いながら、元の立った体勢に戻り、両腕をまっすぐ前に伸ばします。この動作を1セット10～20回繰り返すと、脊柱起立筋などのインナーマッスルや、もも裏の筋肉であるハムストリングスに力が入り、引き締められていきます。

内転筋を中心としたストレッチもおススメです。内転筋とは、太ももの内側にある筋肉です。この内転筋をストレッチで伸ばせば、骨盤のゆがみの矯正や、正しい姿勢の保持につながり、結果として、あなたを悩ませるO脚も解消できます。そのうえで体幹トレーニングにも取り組めば、脂肪を燃焼させ、筋量を増やすことができるので、美しい脚へと変わっていくはずです。

二の腕の場合は、日常生活の中で解決できます。布団を叩く、少し重い荷物を手に持って一定の距離を歩くなどは、家事をしながらでも行えるため、お手軽なトレーニングになると思います。

●スッキリした目覚めを得られる

寝つきが悪い。眠りが浅い。寝ていても夜中に目が覚めてしまう。寝起きにだるさが残る。このような睡眠障害に悩まされている方も少なくないと思います。しかし体幹トレーニングによって、そういった**睡眠障害も解決することが可能**です。

一説には日本人の約20パーセント以上が、これらの睡眠障害を患っているというデータもあります。きちんと睡眠を取らなければ、日中の仕事に大きな支障をきたすだけでなく、健康的な生活も送れません。

●第二の脳である腸の働きを整える

体幹トレーニングは、こうした睡眠障害も解消するだけの効果があります。ここで重要になってくるのは、**腸の働き**です。睡眠と腸。あまりにもかけ離れていて、「関係ないのでは？」と感じるかもしれませんが、**腸は第二の脳と言われるほど、人間にとって重要な臓器**なのです。第二の脳と言われるのは、たくさんの神経が集まっていること、さらには興奮などを抑制し、心のバランスを整える神経伝達物質セロ

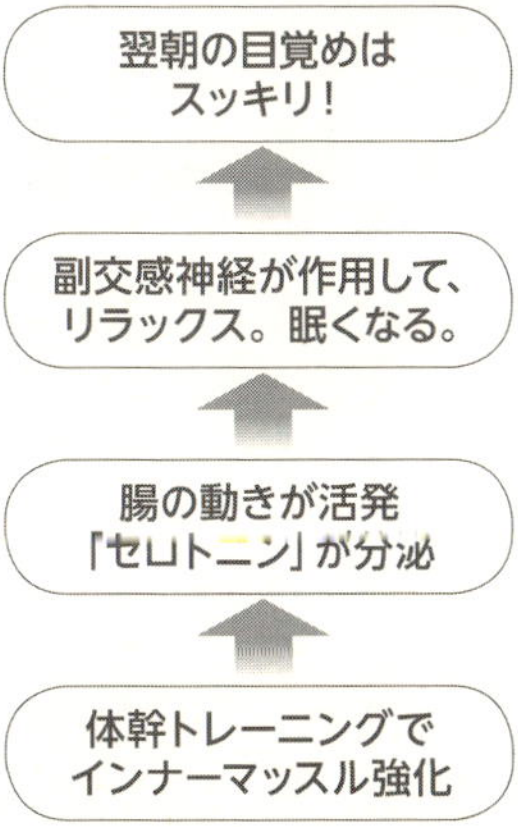
翌朝の目覚めは
スッキリ！
副交感神経が作用して、
リラックス。眠くなる。
腸の動きが活発
「セロトニン」が分泌
体幹トレーニングで
インナーマッスル強化

トニンの95パーセントが腸でつくられることに由来しているそうです。したがって**心のバランスをはかっているのは腸**であるとも言えるでしょう。

体幹トレーニングの視点から言えば、長時間同じ姿勢をとった状態で、背中から腰の筋肉が固まっていると必然的に腹圧が弱まります。さらに腹横筋などのインナーマッスルを使って内臓へ圧力をかけにくくなり、腸の働きが悪くなります。**腸の働きが活発でなければ、人をリラックスさせるセロトニンの分泌もされにくいので、心のバランスを整えづらくなります**。食事をした直後のことを考えてみるとわかりやすいのですが、食後は腸が活発に働くため、セロトニンが分泌され、人間がリラックスするときに作用する副交感神経が働き、眠くなります。つまり、**腸が活発に働いていればいるほど、人は心が平穏になり、眠りにつきやすい**のです。

体幹トレーニングは腹圧を高めて、内臓の働きを活発にする効果があるため、腸の働きもよくなり、深い眠りにつくことができます。そして、眠りが深い分、目覚めもよくなるのです。また、体幹トレーニングに加えて、前後にリラックス効果もあるストレッチを欠かさず行っていれば、筋肉の張りもないため、朝の目覚めもよくなるでしょう。

●正しい姿勢で「疲れ知らず&血流がよくなり頭が冴える」

ＫＯＢＡ式体幹トレーニングの大きなメリットは、正しい姿勢を得られるという点にあります。さまざまな要因で、脊柱のＳ字カーブが必要以上に彎曲して姿勢が悪化すると、体にたくさんの弊害をもたらします。

まず背筋や腰の筋肉に余計な負担がかかり、体が疲れやすくなります。また体内の血のめぐりも悪くなりがちです。「仕事中も頭がボーっとして、集中できない」「起床したときも頭が重く、いつまでも眠気がとれない」など、頭がなんとなく冴えない状態になるのは、血液循環がスムーズに行われていないからです。これらの症状を取り除くためのひとつの方法として、ぜひＫＯＢＡ式体幹トレーニングに取り組んでみてください。

改めて、疲れにくい体づくりから言及していきましょう。

疲れを取り除くためには、前述したように正しい姿勢に改善することから始めてください。正しい姿勢とは、猫背や出っ尻、ポッコリおなかとは無縁の、頭から足先までがまっすぐに伸びた状態を指します。

この正しい姿勢（P52）が、すべての土台といえます。

正しい姿勢をつくるためにもっとも重要な点は、背中の骨である脊柱をまっすぐに伸ばすことです。この脊柱がゆがんでいたり、ずれていたりすると、どうしても姿勢の悪さにつながってしまいます。そのために、脊柱を支えるインナーマッスルである脊柱起立筋を強化しなければなりません。

この脊柱起立筋を鍛えるには、両ヒザを立てた状態で仰向けに寝て、骨盤を持ち上げてキープするメニュー（P21）や、四つんばいの体勢から、片腕とその逆足をまっすぐに伸ばすメニュー（P28）などが効果的ですが、いずれも体をまっすぐにキープし、骨盤を安定させるようにしましょう。

体幹トレーニングを正しい方法で継続し、脊柱起立筋が強化されていけば、徐々に脊柱が、まっすぐに伸びた状態となってきます。さらに並行して、腹直筋や腹横筋、腹斜筋などおなか周りの筋肉を鍛えることで、おなかの内部にかかる圧力である腹圧が高まって、脊柱が正しく積みあがります。そして腹圧の高まりが、前傾してしまっている骨盤を正しい位置に戻し、結果として、出っ尻やポッコリおなかも解消されるのです。

体幹トレーニングを通じて、正しい姿勢を手に入れると、筋肉は疲れにくくなります。脊柱が曲がっていたり、骨盤が前傾してしまっていると、どうしても背中や腰の筋肉に余計な負担がかかり固まってしまいますが、**正しい姿勢は、このような余計な負荷とは無縁**です。肩こりや腰痛といった、姿勢の悪さから来る症状の予防にもなります。

●血流を促し、頭の冴えを取り戻す

つづいて、頭の冴えを取り戻すための方法について説明していきます。こちらも、体を疲れにくくさせるのと同じく、体幹トレーニングによって、姿勢をよくすることで解消されます。頭が冴えないのは、背中や腰、首などの筋肉が凝り固まり、脳に十分な血液が送られていないことが原因。背中や腰を中心に筋肉を柔軟にし、正しい姿勢が保たれると、これらの症状は改善されるのです。

●自律神経の乱れが体調に大きな変化を起こす

「自律神経」について、すでにご説明しました。**自律神経とは、生命活動を維持す**

るために、自らの意思とは関係なく、自然に体の機能を調整している神経です。そのため、血流や内臓での消化吸収、排泄行為などは、この自律神経の働きによって行われています。

自分自身の生命活動に大きく関係しますから、うまく自律神経が作用しないと、体に大きな影響を及ぼします。たとえば、仕事のミスなどで上司から叱責され、大きなストレスを感じた場合、この自律神経は乱れて、体調に異変をきたしてしまうのです。ストレスによる体調不良は、誰しもが経験したことのある症状だと思いますが、その理由は、この**自律神経の乱れに大きく起因**しています。

またストレスなどの精神的な理由ばかりではありません。姿勢の悪さなど肉体的なことが要因になって、自律神経が乱れてしまう場合があります。

●脊柱がゆがんで自律神経が乱れる

「仕事中に、どうしても頭が冴えない」などの悩みを抱えている方は、ほぼ例外なく、背中の張りや痛み、肩こりなどの症状があります。そして、これらの症状は、姿勢の悪さからくる自律神経の乱れなのです。

背中の中心を通る骨である、脊椎には神経が通っています。この神経を通して、脳が各臓器に「働け」という指令を出していますが、**脊柱がゆがむと脊髄神経に関与している筋肉などへの指令伝達がうまくいき届かなくなり、肩こり、腰痛などを引き起こす**のです。

人間の体の背中には、自律神経の働きをよくするためのツボがあります。それらはいずれも、姿勢を維持する上で強化が欠かせない背中の筋肉、脊柱起立筋などに沿った形で存在しています。これらのツボをマッサージやストレッチで筋肉を押しほぐすと、血流がよくなり、頭が冴え、スッキリした状態になりますが、ＫＯＢＡ式メソッドならば、より根本的な解決を目指すことができます。

皆さんもこれを読みながら、実際に試してみてください。

まず**ストレッチで硬直化した背中の筋肉を伸ばしましょう**。心地よい痛さ加減で、十分に筋肉を柔らかくします。**次に体幹トレーニングで重要なインナーマッスルである脊柱起立筋をはじめ、体幹部の筋肉を強化**します。こうすることで脊椎のゆがみを少しずつ治し、正しい姿勢に変えていきます。

1日のトレーニングですぐに姿勢が改善されるわけではありませんが、毎日数分ずつ継続的に行っていきましょう。やがて体に変化が生まれていきます。

●軸の安定が突然のケガを予防

また、姿勢が正しくなることは「体が疲れにくくなる」「頭が冴える」といった効果のほかに、**体の軸を安定させる**ことにもつながります。軸の安定は、体のバランス力を高めるため、少し押されたくらいでは簡単に体がブレなくなります。通勤中に電車が揺れたときなども上手にバランスを取れるようになるでしょう。結果として、転倒などによるケガのリスクも軽減されるのです。

そうは言っても、生活をしていて、まったく疲れないということは不可能です。仕事などで体に疲労を覚えた際は、無理をせず、ストレッチで疲れを癒してください。ストレッチは体内の血流を促すため、血のめぐりがよくなり、筋肉の疲労を取ることができます。体幹トレーニングで疲労しにくい体をつくり、もし疲れを覚えたら、ストレッチで体を癒す。必ずや、健康的な毎日を過ごせるはずです。

●ストレートネックが治る

現在、デスクワークをしている方に流行している症状があります。それは**頸椎、つまり首の骨がまっすぐに伸びた状態を指す「ストレートネック」**です。人間の頸椎は、通常P117の図のように、30~40度ほど弯曲しています。しかし、姿勢の悪い状態で、長時間のパソコン作業などを行っていると、頸椎がまっすぐに硬直化し、ストレートネックになってしまうのです。

●肩こりや首の痛みなど多くの症状を引き起こす

ストレートネックになる大きな原因は、姿勢の悪さにあります。特に**猫背**です。猫背の姿勢でイスに座ったまま、仕事を行っていると、徐々に背中が丸まって**必要以上に頭部が前に出た状態**となります。そして頸椎がまっすぐに伸びてしまうのです。読者の方の中にも、姿勢の悪さが原因で、ストレートネックになっている方が少なくないと思います。

ストレートネックは、**頭痛や肩こり、首の痛み、めまいや手のしびれ、吐き気**など、日常生活に悪影響を及ぼしかねない、さまざまな症状を引き起こします。このストレートネックを改善する際にも、体幹トレーニングが役立ちます。

●耳と骨盤とくるぶしが一直線になった正しい姿勢を意識

そもそも**猫背など姿勢が悪くなってしまうのは、体幹周りの筋肉の弱さが原因**です。おなかや背中の筋力で頚椎につながる脊柱をまっすぐにキープすることができず、イスに座っているときでも、浅く腰掛け、背骨が大きく弯曲した状態になってしまいます。これでは、ストレートネックになっても仕方ありません。

まずは体幹トレーニングで、体幹周りの筋肉を強化して、脊柱をまっすぐに保てるだけの筋力を身につけることが大事です。また、**普段のデスクワークでも姿勢を意識し、耳と骨盤とくるぶしが一直線になった状態を保つように心がけてください**（P19の図を参照）。これだけでも、ストレートネックになる確率を下げられます。

デスクワークに取り組む際は、常に脊椎がまっすぐに伸びた正しい姿勢を意識するようにしましょう。

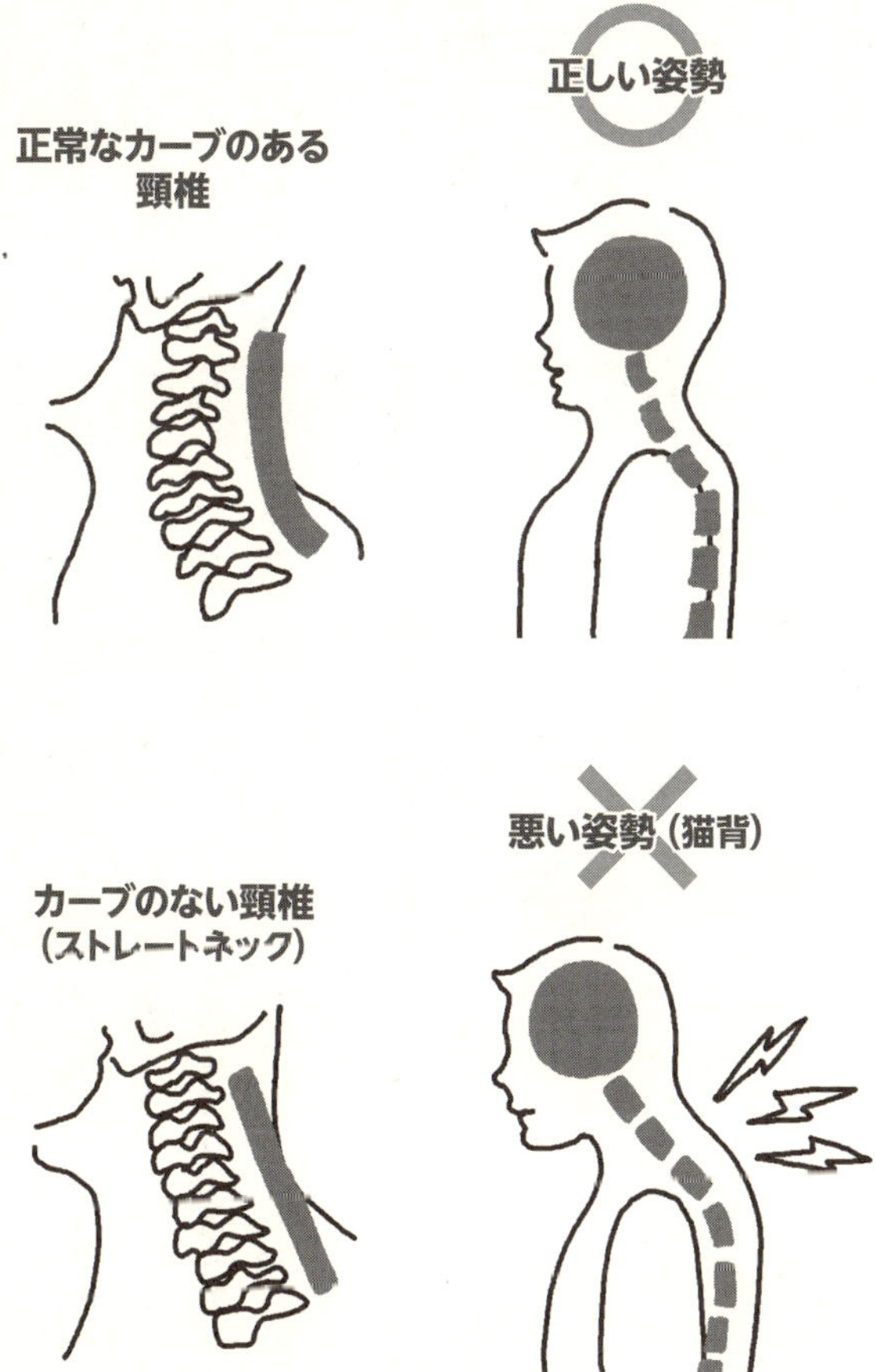
正しい姿勢
正常なカーブのある
頸椎
悪い姿勢（猫背）
カーブのない頸椎
（ストレートネック）

●体のバランス力が高まりケガをしにくくなる

本書を読んでくださる方の中には、最近、よく転ぶようになったという方がいらっしゃるかもしれません。転倒とまではいかなくとも、電車などが揺れた際に、大きく体のバランスを崩してしまった方はいませんか？　また、お子さんの運動会などで久しぶりに全力疾走をして、派手に転倒してしまったという経験をされた方もいるのではないでしょうか？

体のバランスを失って転倒したり、あるいは大きく体がブレてしまうのは、やはり体幹の弱さにあります。さらに、こうした問題を抱えている方は、筋肉の柔軟性にも欠けていて、姿勢も悪い場合が多いです。その結果、どうしてもケガをしやすくなります。

体幹トレーニングは、体のバランス力を高めることにもねらいがあります。バランス力を高めると、体の中心に一本の芯が入ったように、強い軸をつくることができます。軸のできた強い体は、多少の揺れや衝撃ではブレません。日常生活における予期せぬケガからあなたを守ってくれるのです。

●眠っている筋肉を呼び起こす

体幹トレーニングの目的のひとつには、バランス力を高めて眠っている筋肉を呼び起こすことにあります。メニューの中には、あえて不安定な体勢をとるものもありますが、そうすることで複数の筋肉に一気に刺激が入るようになります。表面の大きな筋肉であるアウターマッスルだけでなく、日常生活で意識的に使われていないインナーマッスルなど、多くの筋肉を総動員して、体のバランス力は高まるのです。

なかでも特に重要になってくるのは、背骨と太ももの付け根にかけて伸びるようについている腸腰筋、そして重い上半身を支えている大臀筋や中臀筋などのお尻の筋肉です。これらの筋肉は普段から使っていないと弱まってしまいます。腸腰筋は、歩行や走行の際に太ももを引き上げるための筋肉ですから、この筋力が弱まると、うまく脚を引き上げることができなくなり、転倒しやすくなります。また、臀部の筋肉は骨盤を支えています。ここを強化すると体幹部が安定し、揺れや衝撃に強い体をつくることができるのです。

体にまっすぐな軸をつくる

バランス力を高めるためには、写真のようにまっすぐで正しい姿勢を整えて、体の軸を一本の棒のようにしよう。これらのメニューもあえて不安定な体勢の中で行うことで、バランス力を鍛えている。

●内臓の働きが活発になり便秘解消

多くの女性の方が悩まれている症状に、**便秘**があります。この便秘も体幹トレーニングで、おなか周りの筋肉を引き締めることによって改善が期待できます。

便秘などおなかの不快な症状に共通するのは、腹部の筋力の低下などによって、骨盤底筋群と呼ばれる部分が緩み、結果として内臓が下垂してしまうこと。これが大きな原因です。

骨盤底筋群とは、骨盤の底の部分に位置し、膀胱《ぼうこう》や子宮、直腸といった臓器が下がらないように支えている筋肉の集まりのことです。しかし、日頃の運動不足や出産などの影響によって、これらの筋肉群が緩み、上部にある臓器を支えられなくなってしまいます。その結果、臓器が部分的に圧迫されて血流が妨げられ、便秘などの症状を引き起こしてしまうのです。

便秘に悩む女性によく見受けられるのですが、下っ腹がポッコリと出ていないでしょうか？　ひとつの原因として前述したように骨盤底筋群が緩んで、内臓が下垂してしまっているためです。そこで体幹トレーニングによって、おなか周りの筋肉

を強化していきます。ここを引き締めて、内臓が本来ある位置に戻してあげること
が必要になってきます。

●おなかの筋肉を「固めて緩める」を繰り返し、内臓を正しい位置に

体幹トレーニングでは、息を吐きながらおなかをへこませ、息を吸いながら膨らませる**「ドローイン」**をはじめ、腹部の筋肉を固めて緩める動作を繰り返すことが基本です（ドローインについては、P14で詳しく紹介しています）。

この動作によって、腹部の筋肉が引き締められます。おなかがへこみ、ウエストラインもきれいに出てきて、ダイエット目的の方にもぴったりです。**見た目の効果だけでなく、体内においても、おなかが引き締まれば、当然、本来の位置より下がってしまっていた臓器が正しい位置に戻ってきます。**

便秘の方は、便が腸の下の部分に溜まっていますから、**本来の位置に戻すことで、腸が正常に機能**するようになります。あわせて体幹トレーニングによって、腹部全体に刺激が加わり、内臓の働きも活発になります。次のページを参考に便秘症状が改善されるメカニズムを確認していただきたいと思います。

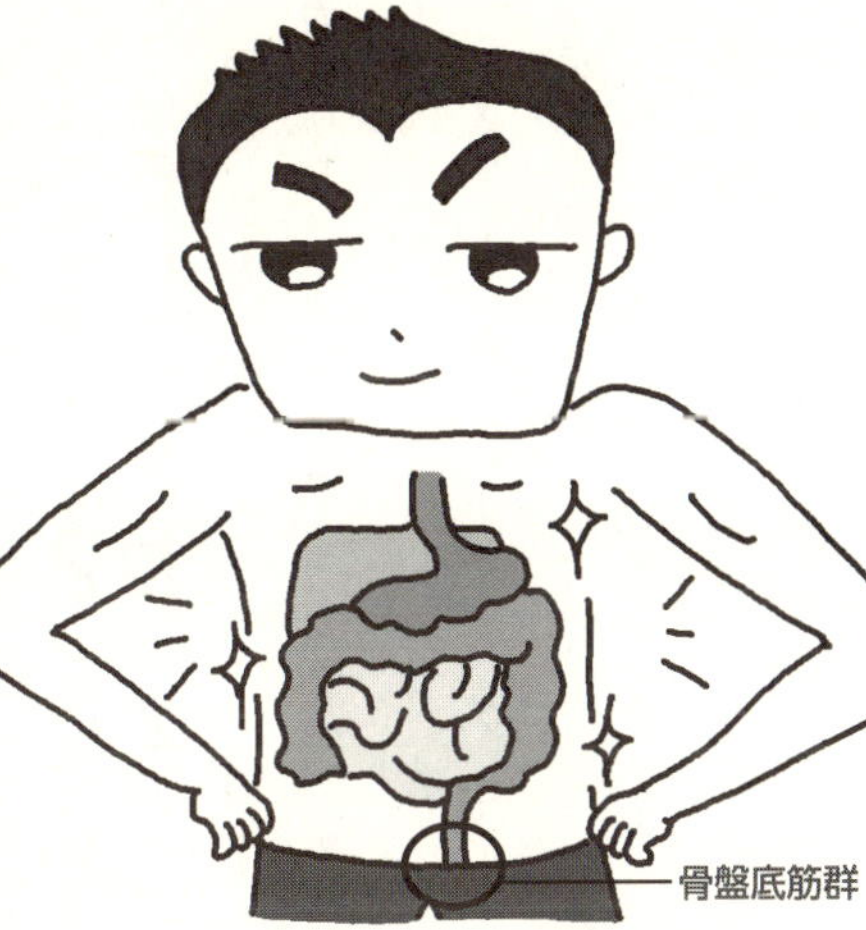

便秘症状の改善方法

■「ドローイン」(P14) を日ごろから行う

↓

■骨盤底筋群を中心に体幹部の筋肉が引き締まる

↓

■内臓が正しい位置に戻り、腸の働きが活発化

↓

■便秘症状が改善される

便秘症状を引き起こすメカニズム

■運動不足・出産などによって筋肉群が緩む

↓

■筋肉上部にある内臓が支えられなくなり、下に落ちてくる

↓

■臓器が部分的に圧迫され、血流が妨げられる

↓

■便秘を引き起こす

←

KOBA式体幹トレーニング

●スポーツのパフォーマンスがUPする

ここまでは日常生活において、いかに体幹トレーニングが効果的であるかについて述べてきましたが、**スポーツにおけるパフォーマンスアップという側面から見ても、体幹トレーニングは実に有効的**です。

現在、私の治療院にも多くのアスリートが通ってくれています。少しでも体幹を強化してパフォーマンスを上げたいと必死で頑張って、トレーニングに取り組んでいます。

アスリートなど各競技のトップレベルに限らず、サラリーマンの方が趣味の範囲で興じるゴルフや野球、サッカーやフットサルなどにも、体幹トレーニングを取り入れることで、プレーが確実に変わります。

「腰が思うように回らず、ドライバーの飛距離が伸びない」
「ピッチングやスローイングのフォームが安定せず、コントロールがつかない」
「スイング時に下半身が安定しないため、どうもインパクトが弱い」
「軸足でしっかりと踏ん張ることができず、キックの精度が低い」

「太ももがうまく引き上げられず、速く走れない」

「軽く当たられただけで簡単に体がブレて、相手にボールを奪われてしまう」

これらのスポーツに関する悩みも体幹トレーニングの実践によって、少しずつ解決へと向かっていきます。

●ゴルフで大切なのは安定した体の軸をつくること

趣味や接待でゴルフをされる方もいらっしゃると思います。

しかし、なかなか簡単には上達できないもの。そんな皆さん、体幹トレーニングを取り入れてみてはいかがでしょうか。

体幹部を鍛えることで、正しい姿勢をキープできます。**わき腹の筋肉も強化されるため、しっかりと体を支えられるようになり、フォームがブレにくくなります。何よりゴルフで重要なのは、体の軸を安定させること。**これがフォームやボールの軌道の安定につながります。スイングをする際も、体や筋肉の動きにムダがなくなる分、腰やヒジなどに余計な負担がかかりません。下半身にためたパワーを体幹を通じて腕に伝えるので、飛距離も大きくアップすること間違いなしです。また、スイングをする際の体や筋肉の動きにムダがなくなり、疲れを感じにくくなります。

●野球やサッカーにも効果抜群

野球やサッカーを休日や余暇時間に楽しんでいる方も多いと思いますが、これらの種目でも、体幹の強化は、パフォーマンスアップにつながります。

ピッチングでは、何よりも下半身の安定感が求められます。昔の投手は、よく「お尻で投げる」と言ったものですが、**体幹トレーニングによってお尻の筋肉を鍛えることで、上半身をしっかり支えられるようになります。**ですからフォームもブレません。同時に腹横筋や腹斜筋など、わき腹の筋肉も強化すれば、上半身をより強くひねられるようになり、球威あるボールを投げられるようになります。

背中や腰の筋肉も鍛えられるため、バッティング時には腰がスムーズに回るようになります。さらに腹直筋や腹斜筋、腹横筋といった腹部の筋肉も強化しましょう。下半身で生まれたパワーは、ひねった体が戻る力を利用して腕へと伝わります。**体幹が強いと、そのパワーが増幅されるため、スイングスピードが速くなり、バットに当たった瞬間にボールが遠くに飛ぶようになります。**

パワーの伝達イメージ

テイクバックで体をひねり、そこから一気に腰を回旋させて、スイングする。硬いゴムを伸ばして離すと、柔らかいゴムよりすばやく戻るのと同じように、体幹が強ければ、腰を速く回すことができ、スイングスピードが増す。

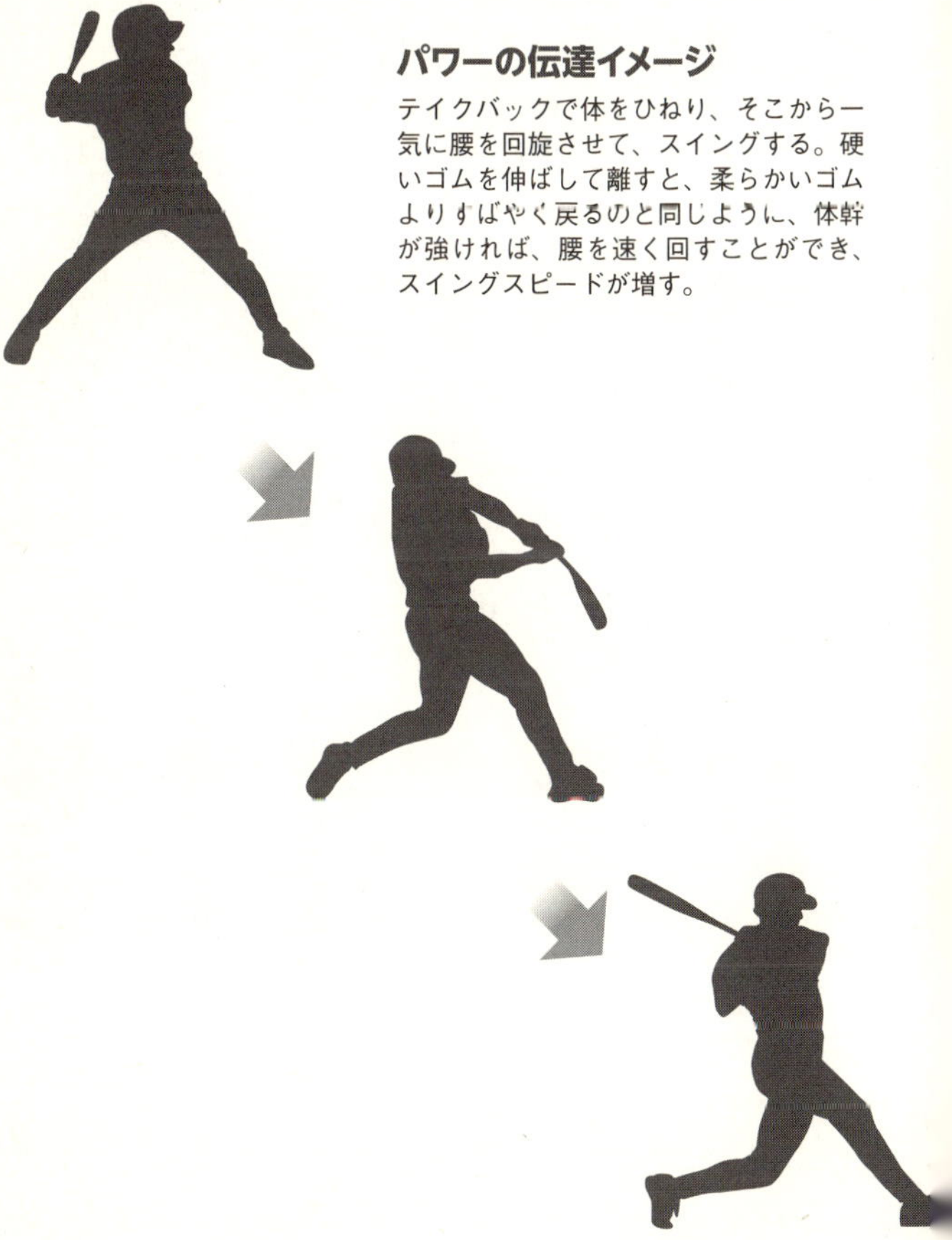

サッカーでは、太ももを引き上げる筋肉である腸腰筋を強化すると、これまでよりも足の引き上げ動作がスムーズになり、速く走れるようになります。一般の方がサッカーなどを行っていて、バランスを崩し転倒してしまうのは、この腸腰筋の筋力や柔軟性の欠如が原因のひとつ。しっかり強化することで転倒を防ぎ、余計なケガから身を守ってくれるでしょう。

体の軸もしっかりとできあがるので、パスやシュートなどのキックの際にも、力がボールにダイレクトに伝わるようになります。相手に当たり負けもしなくなります。

軸足の強化も、サッカーにおいては欠かせません。キックをしようと足を振り上げる際に、軸足で踏ん張り、臀部の筋肉によって上半身をしっかり支えられていると、精度の高いパスを出したり、シュートが打てます。一方、軸足がふらついて、上半身が大きくブレてしまっては、正確なボールを蹴ることができません。こうした**軸足強化が目的の場合も、体幹トレーニングが効果を発揮**します。また、急なターンやストップ動作、一歩目の動き出しなど、サッカーに必要な動作がよりスピーディーになります。

第3章

KOBA式「体幹」トレーニングとの出会い

1 スポーツトレーナーとしてのキャリアを積む

●理論を実践していくことでトレーニング方法を構築

現在、トレーナーとして、長友佑都選手（インテル）をはじめ、たくさんのトップアスリートに、ストレッチや体幹トレーニングを指導していますが、もともとはスポーツをメインには考えていませんでした。私のキャリアの第一歩は、高校卒業後に通いはじめた専門学校です。

鍼灸師と柔道整復師の資格を得るために、ふたつの専門学校に通いました。ここで初めて「体幹」という言葉と出会いました。そして、専門学校で〝人間の体〟について深く学んだことで、体幹がいかに重要であるかを知ったのです。

卒業後は、整形外科や鍼灸、接骨院に勤務。専門学校で学んだことを生かしつつ、患者さんの治療に取り組んでいきました。一般のお年寄りの方が多かったのですが、

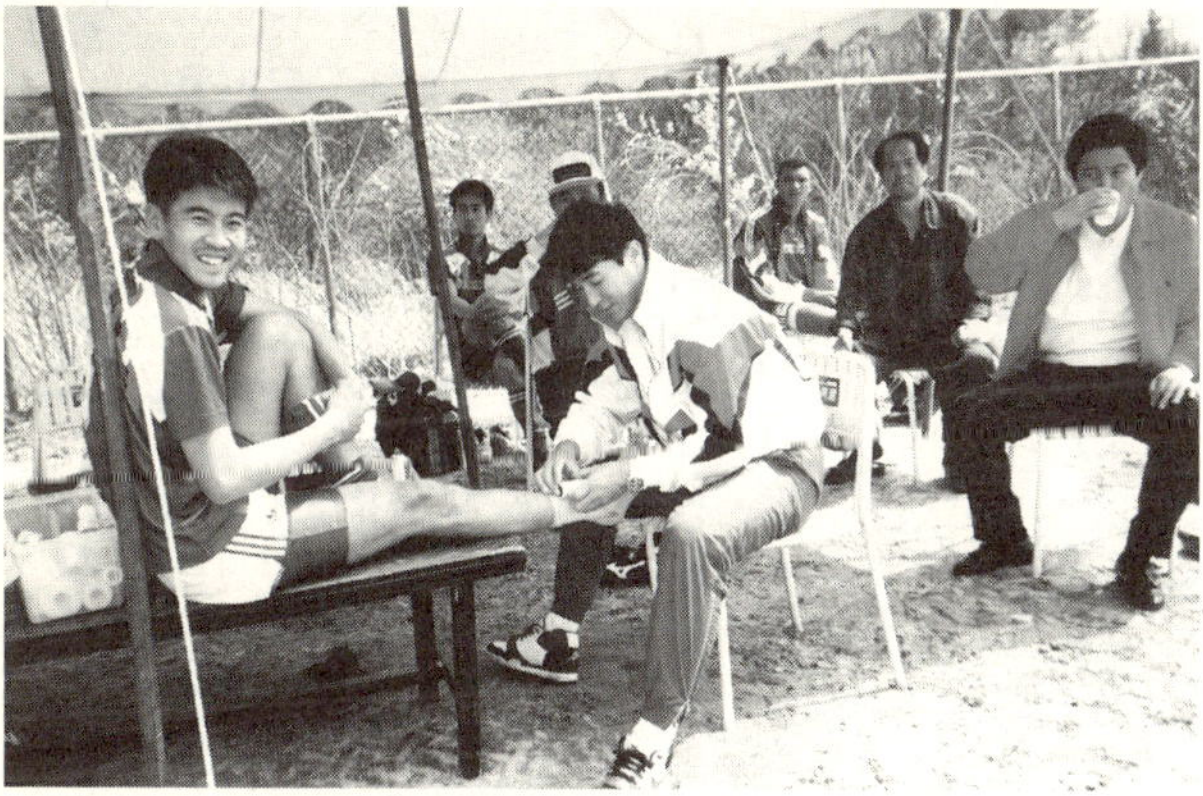

東京ガス（現FC東京）時代にトレーナーとして選手のサポートにあたる。スポーツトレーナーとしての第一歩だった。

やはり、多くの方が腰痛に悩まされていました。鍼やマッサージを用いて、筋肉を緩めることで痛みが軽減されていく過程を改めて実際の治療から学びました。

その後は、スポーツクラブやJリーグ・FC東京のメディカルトレーナーを務め、よりスポーツ選手に特化した治療やトレーニングを行いました。腰痛に悩まされる選手が多いことや、体幹が競技を行ううえで重要なことは、一般の方もアスリートも変わりません。実践的な治療やトレーニングに従事することで、独自の体幹トレーニングを構築していきました。

●大切なことは「体幹トレーニング」だけではない

その独自の体幹トレーニングであるKOBA式メソッドは、まずケガを負った選手に対して、「なぜ、そのケガが起こってしまったのか」という原因をしっかりと突き止め、再発の予防に細心の注意を払ったうえで「ケガや古傷を持った体に何が必要なのか」を考えて組み立てています。

たとえば、腰痛などの既往歴をもっている選手たちに対し、ただ患部の筋肉が硬くなっているからといって、そこをケアするだけでは終わりません。**体全体の柔軟性や筋力バランスを高めることで、患部の治療だけでなく、再発を防止するようなメニューも組み込んでいかなければならない**のです。

体幹トレーニング自体は、KOBA式メソッドにとっては単なるひとつのアイテムに過ぎませんが、このような方法で治療にあたると、アスリート、一般の方を問わず、ケガをする以前よりも動きがスムーズになったという声を耳にするようになりました。患部の治療だけに気をとられないことが、何よりも大切だと考えています。

●中学の柔道部時代に「体幹」の重要性を実感

今でこそ体幹の強化が、スポーツのパフォーマンスアップや、健康的な生活を送るために必要不可欠であることは、世間一般に広く知られるようになりましたが、今から30年以上前、私が中学生や高校生のころには、まったくと言っていいほど認知されていませんでした。

しかし、中学時代に所属していた柔道部の顧問である森岡先生の一言が、現在の体幹トレーニングにいたる基礎になっています。全九州大会で優勝するほどの強豪校だったため、今でも思い出すとゾッとするようなハードな練習の毎日。その中には基礎体力を強化する地味な筋力トレーニングも練習メニューによく組み込まれており、腹筋や背筋が筋肉痛になることもしばしばありました。その痛みを抱えたまま、練習に臨んでいたあるとき、森岡先生がこう言ってくれたのです。

「筋肉痛になったときには、ストレッチで筋肉を伸ばせばいい」と。

聞いたときは半信半疑だったのですが、**実際に筋肉痛の残る箇所をストレッチすると、翌日の朝には不思議なことに、練習もままならないほどだった激しい筋肉痛が、**

見事にとれたのです。

筋肉は酷使することによって縮んで硬直化し、筋肉痛を引き起こす原因となります。現在では、その縮んだ筋肉をストレッチによって伸ばすと、痛みが軽減されるという考えはすでに常識となっていますが、そのような知識を持ちあわせていなかった当時は本当に驚きでした。

ただし、ストレッチによって筋肉痛が解消されるため、翌日もハードな筋力トレーニングを課されてしまうという苦しみもありましたが（笑）。今になってみれば、とてもいい思い出です。

こうして、私の体幹トレーニングの根幹となる部分をつくってくれた森岡先生の指導は、論理的かつ厳しいものでもありました。

柔道というスポーツの特性上、どうしても組み手争いを制し、相手の胴着をしっかりとつかまなければいけません。そのために、重いブロック塀を両手に持って階段を歩くトレーニングや、重量1～2キログラムのダンベルを持ってチューブを引く練習などを課されました。試合で勝つために、パフォーマンスを引き上げることを目的に生み出された、森岡先生独自の練習です。

このような恩師の練習に取り組んだ経験は、現在、さまざまなスポーツ競技のアスリートを指導するにあたって、私に、そのスポーツに適したトレーニングを発想させてくれるアイデアの源となっています。

●食事を含めた体づくりの大切さ

森岡先生から課せられたトレーニングをもう少し紹介しましょう。ヒザを深く曲げた体勢から跳躍を繰り返す〝うさぎ跳び〟は皆さん、ご存知だと思います。現在は、ヒザの関節や筋肉に過度な負担がかかり、ケガを引き起こすという理由から禁止されていますが、当時はそこまでの知識があまり浸透していなかったため、通常の練習メニューに組み込まれていました。

特に成長期の子どもたちによく現れる成長痛のひとつで、スネの上部の骨に痛みが出るオスグット・シュラッター病（オスグット）は、うさぎ跳びなどのオーバートレーニングも一因となります。オスグットを患うと、歩行やランニングはもちろん、症状によってはヒザを少し曲げただけで痛みが出てしまうほどとても厄介なケガです。

しかし、中学生時代にうさぎ跳びを行っていた部員で、オスグットの症状が出た者は、ひとりもいませんでした。それは、ストレッチを欠かさず行っていたことが大きな要因だと私は考えます。また太もも前部の筋肉を伸ばして柔軟性をキープするだけでなく、ヒザとつま先を常に同じ方向に向け、ヒザのねじれがない状態で行っていたこともケガの回避につながりました。ただ改めて言いますがうさぎ跳びは危険なので、絶対に行わないようにしてください。

恩師の指導は柔道の練習ばかりでなく、食事を含めた体づくりにまで及びました。体幹トレーニングや筋力トレーニングに加えて、毎月1キロずつ体重を増やすことを目的に、月に1度、栄養会と名づけられた食事会が催されていました。これは、その月に当番になった部員の自宅へ行き、栄養バランスの偏らない食事をみんなでしっかりとるというものです。柔道を強くさせたいという志のもと、体づくりや食事の重要性を恩師が強く感じていたからこその行事でした。

あのころは、体を大きくするために、本当によく食べていたと思います。朝練習が終わったあとに朝食、学校では給食後に自宅から持参した弁当を食べていました。さらに、夜は大盛りのサラダ、鶏や牛などの肉料理が食卓に並び、必ずどんぶりご飯3杯を平らげなければなりませんでした。こういった食生活については、恩師が保護者に伝えていたことでした。

実際、きちんと食事をとったことで栄養が蓄えられ、中学卒業時には156センチしかなかった私の身長は、高校卒業時には180センチにまで伸びました。父親が168センチ、母親が152センチと、両親は決して大柄ではなかったにもかかわらずです。現在、育成年代の親や子どもたちを対象に講演などを行うことがありますが、その際には**食育にも言及し「とにかく食べなさい」とアドバイスします。**体が大きいことは、スポーツをやるうえでアドバンテージになりますし、健康的な生活を送るためにも幼少期からの体づくりが大切だからです。

●見ず知らずのうちに体幹を鍛えていた

中学校の柔道部時代のトレーニングと入念なストレッチによって、結果として体幹の強化につながったことは間違いありません。大きなケガもなく、腰痛にも悩まされなかったことが、その効果を証明しています。

事実、高校のレスリング部時代に腰椎を圧迫骨折するというケガに見舞われましたが、中学時代の無意識の体幹トレーニングのおかげで、インナーマッスルが鍛えられていたため、早期に競技復帰できました。**トレーナーとしても実感しますが、体幹の強い選手はそもそもケガに強く、回復も早い傾向にあります。**現在、私が体幹を鍛えるメニューの前に必ずストレッチを行っているのも、中学時代の柔道部の恩師からいただいたアドバイスをはじめとする実体験が基になっています。

●鍼灸師・柔道整復師の専門学校時代に「体幹」を学ぶ

高校3年生のころ、その後の進路で悩んでいました。レスリングで結果も残し、いくつかの大学から入部の誘いもいただき、オリンピック出場を目指して競技生活を続けたい思いはあった一方、体育教師という選択肢も捨てきれませんでした。

しかし腰椎の圧迫骨折を経験したことで、医療という世界にも興味がわいてきました。両親としっかり相談した結果、スポーツ競技の現役から身を退き、大学進学ではなく、医療人の道に進むことを決めました。

高校卒業後に生まれ育った九州から上京し、早稲田医療専門学校、東京医療専門学校とふたつの医療系専門学校に通いました。早稲田医療専門学校では、鍼治療を行える鍼灸師の資格を得るために鍼灸科へ、東京医療専門学校では、骨折や捻挫などのケガに対して治療を施せる柔道整復師の資格を得るために柔整科に入学。ふたつの専門学校での授業や実習を通して、スポーツトレーナーとしての土台を築いていきました。

このとき、私にとって重要な出会いがありました。それは、「体幹」という言葉を知ったことです。**人間の体は、手や腕を意味する上肢、脚部を指す下肢、おなか、や背中、腰を総称する体幹と、大きく分けて三つに分類できる**ことを学びました。中高の部活動で、腹筋や背筋をあれだけ鍛えていたのは、結果、人間の体でいう体幹部を強化していたのだと、このとき理解できたのです。

また、医療系の専門学校だったということもあり、これらの上肢、下肢、体幹に分けたケガや障害を学べました。一例をあげれば、上肢の障害は首や肩の痛み、下肢のケガはヒザなどに起こる障害です。

では、体幹部の障害やケガにはどのようなものがあるでしょうか？　体幹には腰部、つまり腰が含まれているため、多くの方が悩まされている腰痛やヘルニア、腰の骨である腰椎がずれてしまって痛みが発生する腰椎分離症が代表的でしょう。

こうして障害やケガを知識として蓄えていったことが、現在のトレーナーとしての仕事に大きく役立っています。

●現在の基盤となっている専門学校の授業

ふたつの専門学校で学んだ知識が、現在の私の治療方針の基盤です。

はじめに通った早稲田医療専門学校の鍼灸科では、東洋医学を背景にした、人間の体のツボについて学びました。そのツボも、体幹トレーニングに大きく関係するインナーマッスルと密接に結びついています。おなかの場合には、太ももを引き上げるために必要な筋肉である腸腰筋に鍼を刺し、縮まって硬くなった筋肉を緩めて、本来の動きを取り戻す仕組みです。こうした発想が東洋医学にはあり、突き詰めていくことで、**おなかの深部の筋肉が硬いと、腰痛を引き起こすメカニズムも理解**できました。

東京医療専門学校では、レントゲンの見方やＭＲＩなど、より整形外科的な内容を学びました。これは「体幹を知る」うえで本当に役立ちました。体幹部のＭＲＩ画像を見ると、例えば腰痛持ちの方は、全体的に腸腰筋が細い傾向にあったり、一般とアスリートの方では、腸腰筋の太さに違いがあるなどがわかりました。

●医学的知識を盛り込んでトレーニングに応用

専門学校時代に医療的な観点から、体幹をはじめとする人間の体を理解していきましたが、これらの知識を応用する形で、現在のトレーニング方法を構築している面もあります。前述したように、人間の体は上肢、体幹、下肢に大きく分類することができます。そして、トレーニング方法も、ケガや障害、その治療法と同じように、上肢、体幹、下肢に分けて考えられているのです。

上肢のトレーニングであれば、肩や腕、胸の筋肉を使って錘《おもり》のついたバーベルを持ち上げるベンチプレス。下肢のトレーニングであれば、太ももやお尻の筋肉を使ってウエイトを上げ降ろすレッグプレスなどがあります。

たとえば、野球選手がヒジを痛めたとします。安静にすれば患部は治りますが、再発する可能性もあります。トレーナーとしてはただ患部を治すだけでなく、なぜ痛めたのかも究明しなければなりません。ケガを引き起こす原因として、筋力がアンバランスになっていることがあげられます。そこで、バランスよく筋力を鍛えられるように、再発予防と補強をあわせた筋力トレーニングのメニューを取り入れていく必要があります。そういったトレーニングを組み立てていく際に、医学的な知識が求められるのです。

●整形外科・接骨院勤務時代に学んだこと

専門学校卒業後は、そこで学んだことを生かしながら、整形外科や接骨院、スポーツクラブなどで働き、スポーツトレーナーとしてのキャリアを積みました。

一般の患者さんには体幹トレーニングは行わず、マッサージやストレッチで筋肉をほぐす程度でしたが、整形外科やスポーツクラブに来る患者さんには、スポーツ選手やアスリートが多くいました。選手が苦しんでいる痛みや悩みを少しでも取り除き、手助けをしてあげられればと、ストレッチや体幹トレーニングを導入していきました。私のスポーツトレーナーのスタートともいえます。

鍼灸師、柔道整復師の資格を取得して、最初に勤めたのが、都内の整形外科でした。そこはスポーツドクターが経営する整形外科で、近くの高校のアメリカンフットボール部の生徒たちがよく通っていました。都内でもかなりの強豪高として知られており、練習も相当にハードだったためか、部員たちの多くが、腰痛をはじめとするケガや障害を抱えていたのです。そこで、私はさっそくストレッチや体幹トレーニングを部員に指導しながら、治療を進めていきました。彼らが真摯にトレーニングに向き合ってくれた結果、部員のほとんどが順調に回復しました。

彼らや患者さんのおかげで、これまで知識として蓄え、また自分なりの発想で進めてきた治療法に対して、徐々に自信を深めていきました。

●ジム勤務でスポーツトレーナーとしての一歩目を踏み出す

整形外科でキャリアのスタートを切ったわけですが、担当する患者さんたちが、徐々に回復していく姿を見ていると、私の中で、別の目標が芽生えてきました。

「ただ治すだけではなく、さらに再発させないような治療を施したい」

人間の体は思った以上にデリケートです。**一度、症状が完治したと思っても、再び負荷がかかることで、痛みが再発してしまうケースも少なくありません。**せっかく治っても、また再発。この悪循環を断ち切りたいという思いにかられていました。

そのころ、私は整形外科に勤めながら、エグザス荻窪というスポーツクラブで働いており、より一層トレーニングの勉強に取り組みました。それまでは、専門学校で学んだことを生かした治療が中心でしたが、自分の幅を広げるために、スポーツトレーニングの分野にも積極的に関わるようにしました。

そうして、ストレッチやマシンを使った筋力トレーニングの方法を学んでいく中で、**より深く理解しようと、自分でも実際にトレーニングを行い、体のどこに負荷がかかるのかを試していきました。**たとえば、私は高校のレスリング部時代に腰椎の圧迫骨折をしてしまった関係で、マシンでのスクワットを行った翌日には、必ず腰に痛みを感じていました。

腰は人間の体の中でも、もっとも重要な箇所。自分で試行錯誤したうえで、腰痛を持っている選手には、その選手の体や状態に合わせて、回数やセット数を考慮し、腰痛がひどくならないようにメニューを考えました。そして重力や負担が、体の大事な部分である椎間板にかかって痛みが出るのであれば、上からの圧力を避けて、どうにか筋力を高め、固める方法はないかと探りはじめました。

やがて私が**行き着いた結論は、やはり自体重、つまり自分の体の重さだけを使った体幹トレーニングでした。**

整形外科に勤めながら、スポーツクラブのエグザス荻窪でマシンのインストラクターとしてアルバイトをしていたとき、エグザスを運営する株式会社ピープル（現株式会社コナミスポーツ＆ライフ）がエグザス青山に治療院をつくろうという動きがありました。いまでこそ、スポーツクラブに治療院があるのは当たり前となっていますが、当時の日本では前例がありません。そこで、整形外科や接骨院での勤務経験のある私が、エグザス青山治療院のチーフトレーナーとして誘われたのです。私は、これを新しいチャンスだととらえ、引き受けることにしました。

私はエグザス青山で、新たなインストラクターを育成するために、後進の指導にもあたりました。土に教えていたことは、ケガをしないためのトレーニングです。ケガをしている選手に、無理にマシンを使ったトレーニングを行うと、余計に悪くなってしまうケースがあります。これまでの実体験から、私は他のインストラクターに比べてケガに対する知識を持っていたので、ケガ予防のトレーニングを指導できるインストラクターをもっと育てたいと考えました。こういったインストラクターが年々増えていくと、やがて一人ひとりに合った指導を行うことが可能になりました。これが現在、主流になっているパーソナルトレーナーのはじまりです。

●現在の体幹トレーニングの前身

スポーツクラブで、ストレッチや体幹トレーニングを中心に、ケガをしない、あるいはケガを防ぐためのトレーニングを指導していましたが、体幹トレーニングには、その前身となるものがあります。当時、腰の専門医が推奨していた、**腰痛体操**と呼ばれるものです。

腰痛体操は、現在の体幹トレーニングの基本であるドローイン（P14）に近いものと言えるでしょう。腰の下に手を置いて、押しつける簡単な体操。今では呼吸をしながら行うことが常識になっていますが、そのころは違いました。この腰痛体操が主流だったときに私も実践してみましたが、それがより進化したものが、ドローインです。

また、一般に**マッケンジー体操**と呼ばれる、腰部を伸展させて回復をはかる方法もありました。うつ伏せの状態から背中を少し反らせるなど、それまではどちらかというとタブーとされていた動きです。反らしたときに、背中とそれを橋渡ししている筋肉や靭帯を緩めて回復をはかります。緩めると筋肉がほぐれて、痛みが改善

エグザス青山に勤務していたころ、トライアスロン日本代表のトレーナーを務めた。

される。それに加えて体幹トレーニングを行うことで、腰痛の回復が早まりました。

「筋肉を緩める」動きを習慣づけることはとても大切です。ただ腰周りの筋肉を鍛えて固めるだけでは、治療にも強化にもつながりません。エグザス青山に勤めていた当時、腰痛を持った一般の患者さんから、「病院で先生に腹筋と背筋を鍛えなさいと言われたけど、まだ痛みがあるので難しい。どうすればいい？」と、疑問を投げかけてくる方もいました。そこで私は**「腹筋や背筋などの筋力トレーニングをやりすぎると、逆に痛みが出てきますから、**

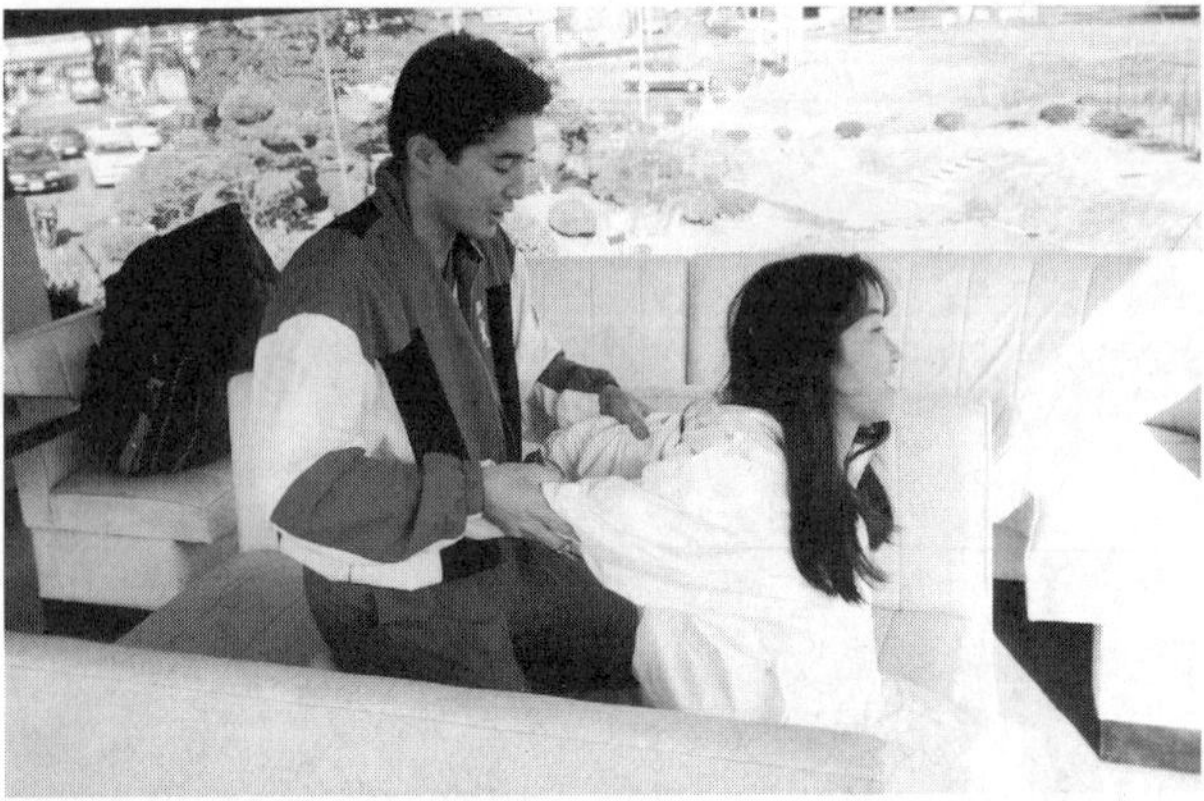

20年以上も前から、腰痛を回避するためのトレーニングを模索しつづけてきた。

まずはストレッチで筋肉を柔らかくすることから始めましょう」と指導していました。

どの方に対しても体幹をただ鍛えるように勧めるのではなく、腰周りに起きる腰痛やヘルニア、腰椎分離症など障害の内容や、それが発生するメカニズムについても理解したうえで、メニューを考えなければなりません。

腰痛をはじめ腰に障害を持っている方は、ハードな体幹トレーニングを行っても腰はより悪化する一方です。最初はストレッチを施し、筋肉を柔軟にすることから心がけてほしいと思います。

●競泳のオリンピック選手を診る

当時エグザスを運営していた株式会社ピープルは、スポーツクラブの他にスイミングクラブも運営しており、競泳の選手育成にも力を入れていました。そのため、私は競泳選手たちの治療やトレーニング指導を行う機会がありました。

エグザス青山治療院チーフトレーナーとしてインストラクターの育成にもあたっていたことから、選手だけでなく競泳コーチへのトレーニング指導役も務めさせてもらいました。内容は競泳選手に起こりやすい障害について。競泳は他のスポーツと異なり、筋肉や関節の動かし方が独特なため、競泳選手ならではの障害が起こりやすいのです。また、自由形や平泳ぎなど種目によって痛める箇所も違います。

たとえば、クロールやバタフライなど手や腕を使って水をかくとき、骨の靭帯や上腕二頭筋の腱がこすれ合って摩擦を起こし、肩関節に痛みが起こる水泳肩や、ウィップキックなどによるヒザのねじれから生じる平泳ぎヒザです。バタフライでは特にキックの際に腰椎を伸展させるため、過剰な負担がかかり腰痛を引き起こします。このようなケガ予防や症状を軽減させるトレーニング法を教えていました。

●競泳で腰を痛める選手は、背中の筋力が弱い

今から20年前の競泳界のトレーニングや指導法は、現在に比べるとそこまで科学的なトレーニングではありませんでした。

そこで私は、選手を指導する際に体幹トレーニングをメニューに加えました。たとえば腹筋台に上半身を出す形で寝かせ、両手にダンベルを持たせます。そこから両腕を飛行機のように広げさせて、上半身を大きく左右にゆらします。

腰を痛める選手は、背筋が弱いことが大きな原因です。つまり背中の筋力だけで上半身を持ち上げられず、無理に腰を反らせて上半身を浮き上がらせることで、どうしても脊柱起立筋から腰にかけての部分に負担がかかってしまい、痛めてしまうのです。

したがって、ダンベルを持たせて上半身を大きく左右にゆらすメニューを取り入れ、体幹（主に背筋）を鍛えていきました。

ピープルの競泳選手を中心に指導していく中で紹介されて出会ったのが、平中秀子選手です。個人メドレーというバタフライ、背泳ぎ、平泳ぎ、自由形と全泳法を

こなさなければならない種目に取り組んでいた選手でしたが、平中選手にとって鬼門となっていたのが、バタフライでした。バタフライはドルフィンキックという過度に腰椎を伸展させるキックを使うため、平中選手も他の多くのバタフライ選手と同じように、腰痛を抱えていました。

その腰痛を緩和させ、本来の実力を発揮させることが、私の大きな役目でした。まず腰の筋肉に柔軟性を持たせるためのストレッチや、腰周りの筋肉を強化するためのトレーニングを課し、腰の痛みを軽減させようと思いました。この練習に平中選手が懸命に取り組んでくれたため、腰への不安が和らぎ、徐々に本来持っている力を出しはじめました。もともとはオリンピック出場が難しいと言われていましたが、1992年の日本選手権で200メートル個人メドレー、400メートル個人メドレーと、ふたつの種目で日本新記録での優勝を果たし、見事、同年のバルセロナオリンピック出場を果たしたのです。オリンピックでの平中選手の泳ぎも見事でした。400メートル個人メドレーでは決勝進出、5位入賞という成績を残しました。

平中選手は本当にトレーニングに一切妥協せずに取り組んでいました。そして自らの力で周囲の評価を見返す結果を出しました。次の1996年のアトランタオリンピックにも日本代表として出場しました。このように平中選手が努力を重ねて結果を残してくれたことで、トレーニングをサポートしていた私にとっても、これまで行ってきたストレッチや体幹トレーニングの指導内容が決して間違いではなかったことを示してくれました。平中選手の努力には頭が下がる思いでしたし、少しは役に立てたのかなと思っています。

その後も水泳選手への指導は続きます。

1991年のオーストラリアで開かれた世界選手権で、200メートルバタフライで銀メダルを獲得した司東《しとう》利恵選手も、そのひとりです。彼女も翌年のバルセロナオリンピックにも出場し、5位入賞という結果を残しました。

2000年のシドニーオリンピック、2008年の北京オリンピックに出場した三田真希選手も、彼女は小学生のときから指導してきました。現在は引退し、スポーツクラブに勤務していましたが、2012年に鍼灸師の資格を取得しました。子どものころから指導をつづけていた選手が、次の進路の選択肢として、私と同じような道をたどっていってくれていることに、うれしさを感じています。

●F1レーサーも強い重力に耐えうるだけの体幹力が必要

駆け出しのスポーツトレーナーとして、スポーツクラブのエグザス青山に勤めていたころは、たくさんの種目のアスリートを指導していました。都心にあったので、各競技のトップ選手が通ってきていました。

F1のすぐ下のカテゴリーに属するF3000の日本シリーズに参加していた、イタリアのマルコ・アピチェラというレーシングドライバーも診ていました。

レーサーの場合は、超高速でマシンを運転するため、想像以上に強い重力が体にかかります。その負担を少しでも減らすべく、レース前には首から背中にかけての筋肉をほぐし、カーブのコーナリング時にかかる重力に耐えうるだけの首周りの筋肉の補強トレーニングや体幹力をつけるように指導しました。**特に重要になってくるのが、おなかの横の筋肉である腹斜筋や腹横筋。カーブの際、体勢が傾くため、それをおなかの横の筋肉で支えなければなりません。**

「体幹を鍛える」という意味では、レーシングドライバーも、サッカー選手や水泳選手と変わらないのです。

●サッカーという未知の分野への挑戦

エグザス青山治療院で勤務していた私に、あるひとつの転機が訪れます。それは後述するサッカー日本B代表へのトレーナーとしての参加だったのですが、その後すぐに現在のJリーグクラブ・FC東京の前身である、東京ガスサッカー部からのトレーナー派遣依頼があり、週に3日、トレーナーとしてチームに所属する選手の体のケアにあたりました。私にとって、サッカーは未知の分野でしたが、大きなチャレンジであるととらえ、懸命に指導を行いました。

そして1993年の冬、新たな仕事が舞い込みます。

毎年12月に国立競技場で、南米選手権の優勝チームとヨーロッパのチャンピオンズリーグの王者が、サッカーのクラブ世界一を懸けて争うトヨタカップ（現在のクラブワールドカップの前身）が行われており、この年、南米代表チームとして参加していたのが、ブラジルのサンパウロFCでした。

実はこの年のサンパウロFCは多くの負傷者を抱え、日本で治療を行える場所を探していました。偶然、当時の東京ガスサッカー部のフィジカルコーチが、サンパウロFCのドクターと友人だったこともあり、そのドクターからフィジカルコーチを通して「木場が勤めているスポーツクラブで選手たちを診てもらえないだろうか」という打診がきたのです。そのころ、東京ガスの選手の治療にはあたっていたものの、トヨタカップのことも、サンパウロFCのことも全く知りませんでしたが、トレーナーとして、ふたつ返事でその仕事を請けました。

●サンパウロFCのトヨタカップ優勝に貢献

こうして偶然にも、サンパウロFCという、世界的トップクラブの選手たちを治療することになりました。当時はサッカーに疎く、選手の名前すら知りませんでしたが、今思い返してみると、このときのメンバーは錚々《そうそう》たるものでした。ブラジル代表の右サイドバックを務めたカフー、１９９６年のアトランタ五輪ブラジル代表にもなるジュニーニョ。その他、バウベルやドリーバ、アンドレなど当時の世界トップクラスの選手たちが、エグザス青山の治療院にやってきたのです。

カフーは首と足首、ジュニーニョは足首、バウベルが内転筋、ドリーバとアンドレが腰痛。負傷箇所はさまざまでしたが、サンパウロFCのドクターが「やり方は

カフー（元ブラジル代表）に治療を施す筆者。足底筋膜《そくていきんまく》（足裏の筋肉）が日本人の数倍ぶ厚かった。

任せる」と言ってくれたので、鍼で筋肉を緩める治療も行いました。彼らにとって、生まれて初めての鍼治療だったようですが、よほど効果があったのか、5日連続で通ってくれました。

チームはACミランを3対2で破り、世界一に輝きました。時間の関係もあり、体幹トレーニングまでは行えませんでしたが、東洋医学の鍼治療で、世界を代表するサッカーのトップ選手の症状が回復し、さらに世界一という最高の結果も出て、私は充実感でいっぱいでした。その後の祝勝会に参加できたことも、今となってはいい思い出です。

2 FC東京トレーナーとしてチームをサポート

●サッカートレーナーとしての出発点

すでに現役を引退した宮本恒靖さんや福西崇史《たかし》さん、現在は長友佑都選手（インテル）や土肥洋一選手（東京ヴェルディ）、なでしこＪＡＰＡＮの大儀見《おおぎみ》（旧姓・永里）優季《ゆうき》選手（ポツダム）など、たくさんのサッカーのトッププレーヤーのパーソナルトレーナーを務めさせてもらっています。

私が今、これほど多くのプロサッカー選手を指導する原点となったのが、言うまでもなく、Ｊリーグクラブ・ＦＣ東京の前身である東京ガスサッカー部のトレーナー時代にあります。

専属トレーナーとして１９９５年から２００２年シーズン終了までの８年間、それまで勤務していた整形外科や接骨院、スポーツクラブで腰痛の患者さんを治療してきたノウハウを生かし、さらにサッカーというスポーツに合わせる形で対処していきました。

●トレーナーとしてサッカーのケガを学ぶ

東京ガスサッカー部のトレーナーとして、スポーツクラブのエグザスから派遣されていた当初、トレーナーは私ひとりという状態でした。ひとりで当時チームに所属する約30人の選手を見なければならないというのは大変なことでしたが、それでも必死に選手の体のケアに務めていきました。

それまでのトレーナー経験の中で、ケガをしやすい人の体幹部分の特徴として**「筋肉のつき方がアンバランス」「柔軟性に欠けている」「姿勢が悪い」など、いくつかの共通点があることに気づきはじめていました。これらの条件がひとつでもあてはまると、ケガを負ってしまうリスクが高まります**。そのため、体全体のケアや対策を考えながら、治療やトレーニング指導にあたっていました。

しかし、練習環境などの条件が異なると、一筋縄ではいきません。

当時、私のいとこにあたる田中伸一選手が、東京ガスサッカー部に所属していましたが、田中選手もずっとヘルニアを患い、腰痛持ちでした。私がチームのトレーナーをしていたこともあり、腰の痛みを少しでも引かせるため、ストレッチやマッサージ、さらには牽引という腰を引っ張る治療も行っていましたが、少し症状が改善しても、またプレーや練習を再開すると、すぐに腰の痛みがぶり返してしまいます。このときは「一体、どうすれば、腰に負担をかけさせなくできるのだろうか」と、本当に悩みました。

●コンクリートや人工芝の上を走ることが腰痛の原因に

やがて腰を痛める原因にたどり着きました。

当時、東京ガスサッカー部は、コンクリートの上に敷いてある人工芝のグラウンドで練習をし、ランニングは、近くの公園のコンクリートの上。コンクリートなど硬い場所で練習を行うと、地面からの衝撃が腰やヒザに直接伝わります。

事実、田中選手以外にも腰痛を訴える選手は多く、「コンクリートの上を走ると痛みが腰にくる」と口にする選手も少なくありません。このような状況もあって、当時の私の仕事は、この腰痛を抱えた選手たちへの治療が主なものとなりました。

硬い場所を走ることで腰痛が引き起こされるのは大きな問題ですが、それ以前にトレーナーの視点から考えてみると、腰に痛みを覚えるというのは、**腰周りや臀部の筋肉がない、あるいは硬いことが原因で、腰部に余計な負担がかかりやすい選手**ともいえます。

そこで、当時のフィジカルコーチに、もう少し、腰周りや臀部の筋肉をつけるための体幹トレーニングやストレッチの時間を増やしてあげてほしい、そして、ランニングも腰痛やヘルニアを患っている選手は避けてほしいと要望しました。

●体幹トレーニングで腰痛を治す

そのころ、腰痛を抱えた選手が病院へ治療に行くと、たいていのドクターからは「腹筋、背筋を鍛えなさい」という指示が多かったと思います。しかし、選手は「腹筋、背筋を鍛えているんだけど一向によくならない」と訴えてきます。そこでいろいろ思案しながら、腰に負担のかからないようなトレーニングを自分の中で考えていきました。

腹筋、背筋の基礎的な筋力トレーニングに加えて、腹横筋や脊柱起立筋、多裂筋

などの深部のインナーマッスルに力を入れられるようにすること、腰の筋肉をストレッチでほぐしてからの体幹トレーニングなどを取り入れていきました。

●腰に負担のかからないトレーニングを追求する日々

腰痛対策のメニューをつくる際には、その選手の腰周りや関節周りの柔軟性がどうか、また、どういう動きをしたときに腰に痛みを感じるのかなど、個別の状態に合わせて組み立てるように注意しました。

たとえば、うつぶせの状態でヒザを曲げる、太もも前部の筋肉（大腿四頭筋）を伸ばすストレッチがあるのですが、この太もも前部の筋肉が柔軟性に欠けていたりすると、お尻が上がる現象が起きます。

そうした傾向にある選手はそのまま放置しておくと、徐々に腰痛になることが多く、「ならば解決策として、太もも前部を伸ばし、お尻が上がらないようにしなければいけない」というように、一つひとつ確かめながら、治療を施していきました。

また、筋肉に柔軟性が欠け、筋肉自体が縮んでいると、どうしても骨盤がゆがんでしまいますから、立った状態の姿勢でも、常に太もも前部の筋肉が骨盤を引っ張っ

2002年、2006年のワールドカップに出場した宮本恒靖氏とは、95年のキングスカップで日本B代表のトレーナーを務めたときに知り合った。

福西崇史氏も、ＦＣ東京時代に知り合い、現在もパーソナルトレーナーを務めている。

てしまっている分、姿勢が悪くなるというような考えにもいたりました。

こうして自分の中で考えをめぐらせながら、腰に負担のかからない、痛みを感じにくいストレッチや、体幹部のトレーニングを考案してきました。

●日本B代表のトレーナーを経験。トップ選手の意識の高さを知る

東京ガスサッカー部の専属トレーナーになる直前の1995年2月、日本B代表のトレーナーを経験しました。タイで行われたキングスカップという国際大会に、U－23の若手選手を中心に集められた、日本B代表というチームが参加したのです。

のちにパーソナルトレーナーを担当するようになる土肥洋一選手（東京ヴェルディ）や宮本恒靖さん、また森島寛晃さんや柳沢敦選手（ベガルタ仙台）らと知り合い、チームに帯同した3週間という時間の中で、監督の西野朗さん（ヴィッセル神戸監督）や日本代表のチームドクターを含めて、トップ選手や高校生と話ができたことは貴重な経験でした。

また、B代表とはいえ、日本代表に選出されるほどの選手たちですから、個々のコンディションや体づくりに関して、意識の高い選手が多かったことも印象に残っ

ています。現在、サンフレッチェ広島ジュニアユースの監督を務める沢田謙太郎さんは、お母さんが鍼灸師ということもあって、体や筋肉についての知識があり、私への要求も高いものがありました。その他にも「ここの筋肉が硬くなっているから、ほぐしてください」と要望してくる選手もたくさんいて、そうした選手たちに出会い、ケガを防ぐためのストレッチの重要性などを伝えられ、トレーナーとして自分の知識を十分に発揮できた仕事だったと思います。

●メディカルチェックを治療に大きく生かす

もうひとつ、実践した大きなことがあります。それは**選手の既往症、つまり、それまでどんなケガを負ってきたのかをヒアリングするメディカルチェック**です。

これは、選手の治療やフィジカルコンディションを整えるのに大きく役立ちました。負傷している選手や持病を持っている選手が、他のコンディションが整っている選手と同じ練習メニューをこなすことは難しいものです。**負傷箇所に過度な負担がかかることで、症状が悪化したり、再発する可能性が高まる**ためです。せっかく完治しても、再発してしまっては治療した意味がありません。だからこそ、メディカルチェックで選手の状態を把握し、その選手に合わせたメニューを組み立てる必要があったのです。

このメディカルチェックは、1995年、私がチームの専属トレーナーになった年からスタートさせました。それまでの東京ガスサッカー部は、フィジカルコーチの権限が強く、私が選手のケガの状態やコンディションに合わせたメニューのアドバイスをしても、なかなか意見が通らないこともありました。

しかし、この年に就任し、のちにチームをJ1へと押し上げた大熊清監督は、私がケガをしないためのトレーニングに詳しかったということを知っており、「木場さんのやり方で進めてください」と言ってくれました。そして、やがて私はチームのヘッドトレーナー兼筋力トレーニング担当を任されるようになり、自分なりの方法で選手の体づくりや、コンディションづくりを進め、チームをサポートしていきました。

●選手の既往歴をチェック。個人に合わせたメニューを作成

選手の既往歴を調べていくと、腰痛やヒザの負傷など、その症状はさまざまでし

た。そうしたケガを持った選手たちに、症状に合わせたメニューを組んでいくことが私の仕事です。腰痛やヘルニアなど腰に負傷を抱えた選手にはストレッチと体幹トレーニングを行い、ヒザが悪くなっている選手には、マシンを使ってヒザの曲げ伸ばしを行うサイベックスと呼ばれる筋力トレーニングなどを施していきました。選手の状態をきちんと把握することが、ケガの治療や、能力を伸ばすために必要不可欠だったのです。

また、この**メディカルチェックはトップチームの選手ばかりでなく、ユースをはじめとする下のカテゴリーの選手育成にも役立ちました。**あるとき、当時のユースチームの柴田峡監督が私のところにやってきて、「選手たちのメディカルチェックをやってもらえないだろうか」という依頼をいただいたのです。

私は喜んで引き受けさせてもらいました。

主な内容は、成長期の子どもたちによく見られるオスグットを中心とした成長痛のチェック。当時のFC東京のユースやジュニアユースには、梶山陽平選手や馬場憂太選手（大田シチズン）、尾亦弘友希選手（アビスパ福岡）など現在のトップチームをはじめ、のちにプロで活躍する選手が所属していました。彼らそれぞれの体の特徴を調べていき、「この選手は、股関節に柔軟性が欠けるから、こういうプレーに影響が出ます」などパフォーマンスを上げるためのたくさんの情報を、レポートにまとめて報告していきました。

のちに、これらの選手がユースチームの中心となり、2001年にはFC東京としてはじめて、日本クラブユースサッカー選手権(U-18)大会での優勝を果たしたのです。

●Jリーグ全体のメディカル体制も確立

メディカルチェック自体は、エグザス青山に勤務していた時代から行っていました。ひとりの患者さんを診るために、関節や筋肉のどこの部位が硬いかなどをチェックし、その症状に合わせたメニューを組んでいました。そのノウハウもあり、東京ガスやFC東京での治療はスムーズに進んでいったと思います。

チーム自体は大熊清監督が指揮を執りはじめて以降、確実に強くなっていきました。1999年にはJ2に参入し、見事に1年でJ1へと昇格。J1でも昇格1年目に勝利を積み重ね、旋風を巻き起こす躍進を見せました。

ＦＣ東京のトレーナーとして、大熊清監督の下、チームを陰から支えた。

私がチームのトレーナーになった当時はまだ、Ｊリーグ全体の傾向として、選手がケガをしていても隠してプレーをつづける風潮が強い時期だったように記憶しています。現在はメディカル体制がしっかりと確立し、チームドクターやトレーナーがどのチームにも所属、帯同するようになっています。その分、選手の体のことを考えて、サポートする体制もできています。

２０１０年のＦＩＦＡ南アフリカワールドカップにおいて、日本代表は見事にベスト16入りを果たしましたが、こうしたＪリーグ全体のメディカル体制の確立、取り組みが実を結んだことも要因のひとつだと思っています。

●スポーツヘルニアが起きる要因を分析

私が東京ガスサッカー部のトレーナーを務めていたころ、日本のサッカー界では、あるケガが蔓延していました。それはスポーツヘルニアと呼ばれる症状で、足の付け根に近い鼠径部《そけいぶ》に痛みが出る症状です。サッカーは走りながら、ボールを蹴るという種目のため鼠径部に過度な負担がかかり、このスポーツヘルニアにかかってしまう選手が少なくありませんでした。実際に中山雅史選手（コンサドーレ札幌）や、元浦和レッズの福田正博さんなども、このスポーツヘルニアを患い、海外での手術を経験しています。

当時の日本は、まだまだサッカーに対する知識は世界と差がありました。そのため、このスポーツヘルニアに関する知識がなく、治療の方法もありませんでした。それに対し、ドイツなどのサッカー先進国では、治療が進んでいました。日本では骨や関節の痛みを伴う整形外科的に似ている症状と捉えられていましたが、実際には〝脱腸〟であったというのが真相です。

過度なキック動作などにより腹壁、つまり、おなかの壁が破れて、そこから腸が飛び出し、神経に当たって痛みが出てしまう症状。その結果、恥骨のあたりに痛みが出ることから、当時の日本では恥骨結合炎とも呼ばれていましたが、ドイツやブラジルなどのサッカー先進国では、原因が脱腸であることがわかっており、外科的手術を行って、治療を進めていたのです。

現在では、鼠径部症候群やグロインペインと呼ばれていますが、その治療や対処法にも私は取り組んでいきました。

●スポーツヘルニアの真相

メディカルチェックを進めていくうちに、私は、あるひとつのことに気づきます。それは、**グロインペインを患う選手の多くが、腰痛持ち**だったのです。なぜ、腰に慢性的な痛みを抱える選手が、グロインペインになってしまうのか？

突き詰めて考えていくと、股関節が硬く、可動域が制限されて、また脊柱起立筋や腸腰筋にも硬さがあるためという結論に達しました。関節の可動域が狭い分、内転筋に負担がかかり、恥骨や軸足の側にも痛みを感じるというケースも少なくありません。ボールを蹴る際に軸足を踏ん張り、足を振り上げたときに軸足も同時に反ってしまうことが理由です。その治療法として、太もも前部から股関節にかけての筋肉である大腿四頭筋と腸腰筋にストレッチで柔軟性を持たせ、そして腰周りの筋肉をマッサージやストレッチでほぐすことを実践しました。このことで、股関節に過度な負担をかけず、キックができるようになり、症状がだんだんと緩和していったのです。FC東京でいえば、長くエースストライカーとして活躍したアマラオも、このグロインペインの症状がありましたが、手術に踏み切らずに済み、長く現役生活を送ることができました。

かつては手術でしか治せないと思われていたこの症状も、主に下半身をストレッチやマッサージで柔軟にし、体幹トレーニングで筋肉をバランスよく鍛えることで改善できるとわかり、手術の必要性がなくなってきています。内転筋を緩めて、股関節の振り子作用、つまり可動域を広げることが、完治への流れとなりました。

●下半身の筋肉の柔軟性がポイント

腰周りの筋肉が硬く腰痛を患ってしまっている選手は、どうしても可動域に制限

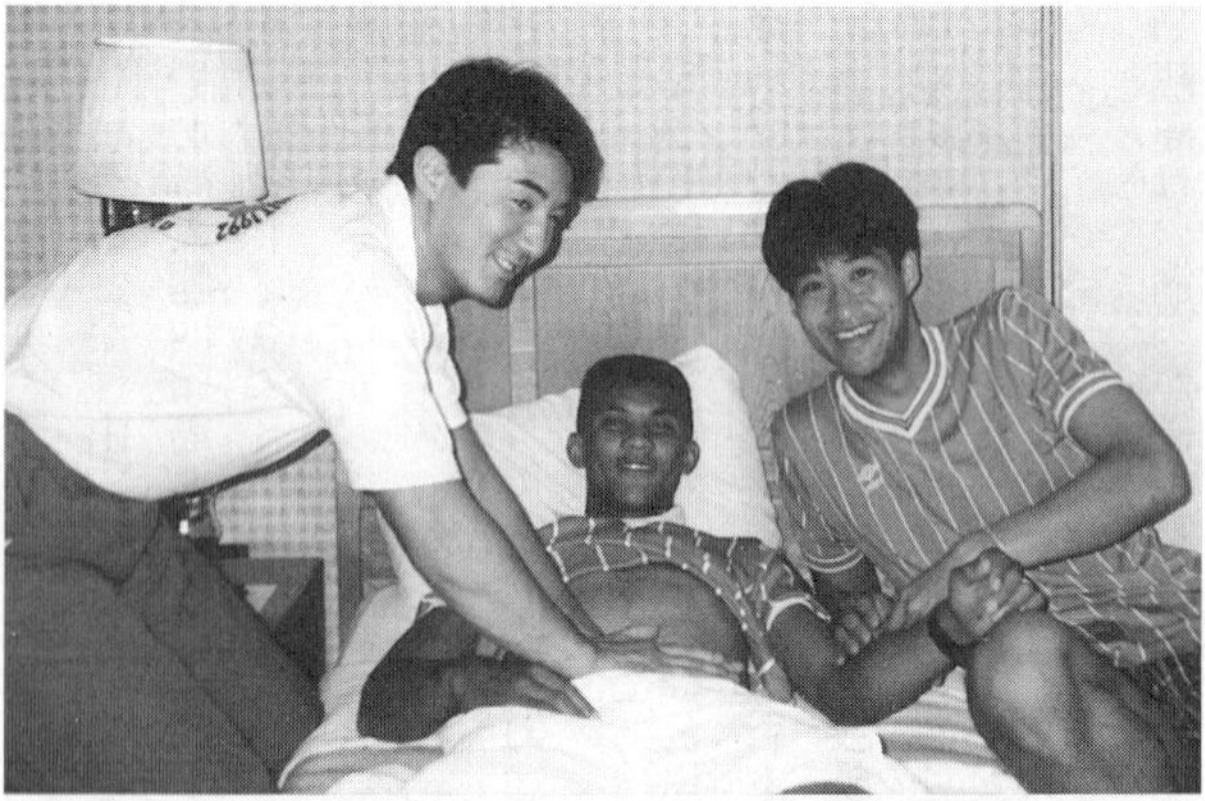

「キング・オブ・トーキョー」と慕われたアマラオ氏も、長年、グロインペインに悩まされていた。

が出てきてしまい、キックの際、足を大きくうしろに振ることができません。このことを前提に考えれば、**体幹部分の筋肉を柔らかくし、柔軟性を高めることで、グロインペインの症状もなくなってくる**のではという発想にいたっています。

ボールを蹴る際、太もも前部の筋肉と内転筋、腸腰筋に柔軟性が欠けると、恥骨の部分に負担がかかるため、ここを柔らかくしてあげればいいのです。グロインペインに悩む選手や子どもたちがいたら、下半身を中心に柔軟性を高めるメニューを練習に取り入れることをオススメします。

●スポーツに合わせた体づくりを大切に

スポーツトレーナーとして活動を始めて、もう20年以上になりますが、私がこの職業をまっとうしていくうえで、**そのスポーツに合わせた体をつくっていくことを**大切にしています。

人間の本来の正しい姿勢は、直立の状態です。上から見ていくと、頭蓋骨があり、それを支える背骨と脊柱があり、さらに骨盤があって体を安定させています。肺や、心臓は肋骨で守られていますが、骨盤の周りは空洞になっていて、そこには内臓が入っています。

姿勢が崩れることで体に多くの悪影響を及ぼすことは第2章でも説明しました。本来の人間の動きという部分から考えれば、スポーツはこれらの部位に余計な負担をかけてしまう分、決して体にいいものとは言えません。

しかし、現にスポーツは世界中で行われていますし、日本でもプロやアマ、さらには老若男女を問わず、たくさんの人々がスポーツを楽しんでいます。だからこそ、**人間本来の姿勢に余計な負担や負荷をかけないためにも、その競技に合わせた体を**

最近ではトレーナーやサッカー指導者講習会の講師として招かれることも多い。

つくっていかなければいけません。オフィスでパソコン作業をする人も、その作業に合わせた姿勢をつくっていかなければならないことと同じです。

つまり、**正しい姿勢を意識したうえで、筋肉が硬くなったり痛みが起きないように動かすことが大切**になってきます。スポーツをするうえでは、補強トレーニングを取り入れることも不可欠です。そしてケガをしたときには、その原因を探り当てることも、スポーツトレーナーの役目です。

姿勢の乱れは本来の筋力を衰えさせます。このことに注意しながら、今後も指導をつづけていくつもりです。

●健康的な生活のために正しい体幹トレを次世代へ

懸命に腹筋や背筋などをこなしたことで無意識に体幹を鍛えた中学の柔道部時代。体幹という言葉を知り、体系づけて人間の体に起こりうる障害について学んだ専門学校時代。その知識を生かして一般の方、アスリートを問わず治療に励んでいった整形外科、接骨院時代。アスリートにトレーニングを指導しながら、体幹の重要性を実感していったスポーツクラブ、東京ガス、FC東京のトレーナー時代。ここまでは、私のキャリアを振り返ることで、読者の皆さんに、筋肉や関節を柔らかくするストレッチや、体幹トレーニングの重要性を伝えてきました。今後も、その姿勢を変えることなく、スポーツトレーナーをつづけていきたいと考えています。

私には、大きな目標、夢があります。それは日本のスポーツを強くしていきたいというものです。現在、プロや各競技のトップのカテゴリーで活躍しているアスリートはもちろんのこと、私は子どものころから正しいトレーニングで体づくりをしていくことが大切だと考えているので、その部分をお手伝いしながら、日本のスポーツを底辺から強くしていきたいと思っています。

コバメディカルジャパンのスタッフとともに、日本のスポーツ界発展のために歩みつづける。

さらには体幹トレーニングを通じて、人々を健康にしていきたいという思いもあります。健康になることで、いろいろなところに出かけて、おいしいものを食べることができ、それだけ体力もつきますし、豊かで幸せな人生を送ることができるでしょう。

また体幹ができていれば、ケガのリスクも軽減できますし、たとえケガをしても、回復力が高まります。

今後もスタッフとともに正しい体幹トレーニングを伝えていくことで、ひとりでも多くの方の生活の一助になれれば、こんなにうれしいことはありません。

第4章

アスリートから一般まで KOBA式「体幹」実例集

体幹実例集
Case. 1

体幹強化で腰痛を克服

長友佑都（インテル）

現在、イタリア・セリエAのインテルでレギュラーを獲得し、サッカー日本代表として活躍している長友佑都選手は、大学生のころから指導をつづけています。

私のもとに通いはじめた当時、彼は腰痛、ヘルニア、腰椎分離症など、たくさんのケガを抱えており、プレーすら満足にできない状況でした。長友選手の腰痛を緩和させるべく、それまでも大学のトレーナーをはじめ、多くの方が本人とともに懸命な治療に励んでいました。

●腰に抱えていた3つのケガ

長友選手が私のところに初めてやってきたのは2007年のことでした。

当時の彼は、明治大学のサッカー部に所属しながら、Jリーグ・FC東京の強化指定選手として、クラブの練習に参加していました。しかし、**持病の腰痛をはじめとする腰のケガが災いし、練習もできないような状況**だったのです。

それを見かねたのが、当時のFC東京の正GKで現在、東京ヴェルディに所属する土肥洋一選手でした。土肥選手は私が1995年に日本B代表のトレーナーとして参加してからの付き合いで、FC東京でもトレーナーと選手という関係だったこともあり、長友選手に「木場さんというトレーナーがいるから、そこに通ってみたらどうか」と進言したそうです。また、土肥選手自身も非常に面倒見のよいタイプのため、放っておくことができなかったのだと思います。

こうして私は初めて、長友選手と出会いました。まず友人でありJクラブなどのチームドクターを務める佐藤秀樹さんに相談しながら、MRI、CTなどを撮って状態をチェックしてもらい、私は体幹部を中心に腰痛の原因を突き止める作業を行いました。

体幹トレーニング自体は高校時代から続けていたようで、**腹筋や背筋はできていて見た目はがっちりしていましたが、腰や上体をひねるための筋肉である腹斜筋や腹横筋が弱い**ことがわかりました。

精密検査の結果、椎間板ヘルニアと腰椎分離症を患い、その症状として腰に痛みが出ているということが判明しました。特にひどかったのが腰椎分離症です。

これは過度な運動などにより腰椎が負担を受け、ヒビが入って分離してしまう骨折です。スポーツ選手によく見られる症状ですが、長友選手の場合は、左右が折れていました。

普通はおなか側と背中側のどちらかだけが折れていることが多いのですが、両方というのは、極めて深刻な状態です。

そこで、すぐに彼の肉体改造に着手しました。**腹筋の前部と背筋だけが強かった筋力バランスの悪さを矯正すべく、わき腹の筋肉も強化させて、体幹部を筋肉のコルセットで覆う**ようにしようと考えました。これまで何度も書いてきたように、腰痛予防、あるいは症状を改善するためには、この人工のコルセットをつくることがもっとも適切な方法です。

まず上体や腰をひねるための筋肉、つまりインナーマッスルを中心に柔軟性をつけることから始めました。これらの筋肉が少しずつ柔らかくなってきたところで、今度は体幹トレーニングでインナーマッスルを鍛えていったのです。

腰に痛みを抱えている選手に、いきなり負荷の強い体幹トレーニングを行っては、かえって症状を悪化させてしまうだけで逆効果となってしまいます。硬くなっている筋肉や筋力的に弱い筋肉をストレッチによって柔軟にし、緩めることを最優先に行わなければなりません。

長友選手の場合、こうしたストレッチを3週間ほどつづけていると、徐々に腰の痛みが和らいでいきました。そこから、体幹部の前後ではなく、インナーマッスルとアウターマッスルのトレーニングをバランスよく進めていきました。すると、痛みはまったくと言っていいほどなくなり、FC東京の練習にも参加できるまでに回復しました。そして、試合にも出場するチャンスを自らの手でつかみました。本人のたゆまぬ努力によって、ここまでの復活を遂げたわけですが、このときは私も大変うれしく、今でも当時の新聞の切り抜きを保管しています。その後、長友選手は、FC東京と正式なプロ契約を結ぶにいたりました。

●本人の意思と努力が早期回復につながる

そもそも長友選手の場合は、高校時代から腰痛を持っていました。そこから大学2年、3年の時期に徐々に悪化していってヘルニアを患い、腰椎分離症にまでなってしまったのです。早い段階で腰痛の原因がわかり、腰の筋肉を使わなければ、自然と接合するケースもありますが、スポーツを行っている人間には無理がありますから(中学生など成長期の子どもの場合は自然治癒もありえます)。

だからこそ筋肉の柔軟性を高めてから体幹トレーニングで筋肉を固め、体幹部に人工のコルセットをつくる方法しかないのです。

腰痛を引き起こす要因は体幹部の筋力バランスの悪さにあることは第2章で説明しました。長友選手にとって不幸中の幸いだったのは、高校時代に腹筋の前部と背筋を筋力トレーニングによって鍛えていたということ。体幹部の前後の筋肉は強化されていたので、そこは無理に行わず、横の筋肉を鍛えたことで、すぐに筋力バランスが改善されました。これは私と出会うまでの本人の努力や周囲の方の指導のおかげだと思います。

また、治療やトレーニングを行っているときの長友選手自身の姿勢もすばらしかったです。大学に通いながらFC東京の練習に参加していたこともあって、私が直接、診られたのは週に1、2度ほどでした。そのときに「家でこういうストレッチをしなさい」と言うと、その指示をきちんと守って、実行してくれました。経過がよくなっていったことが何よりの証拠です。

私への連絡もまめに入れてくれていました。それは彼自身の中に**「ケガを治したい。治して、またサッカーをやりたい」という強い気持ちがあった**からだと思います。その思いが原動力となって、競技復帰するまでに、そう時間はかかりませんでした。

●お尻の筋肉もカギを握る

腰のケガが完治して、腰痛の心配がなくなった長友選手は、再びサッカーができるようになりました。**アスリートにとって、腰はパフォーマンスの良し悪しを決める大事な箇所**。ですから、腰痛にならないための体幹トレーニングを軸にメニューを組んでいます。その方法は先に述べた通りです。

さらに現在、継続的に行っているのは、臀部（お尻）の筋肉を鍛えるトレーニングです。**どのスポーツにおいても、プレーの際に重たい上半身を支えるのは臀部の筋肉**。そこを刺激して鍛えるために、チューブを取り入れた体幹トレーニングなどもメニューに組み込んでいます。走る動作だけでなく、サッカーなどでキックをする際の片足で支える動作にしても、お尻の筋肉が弱く柔軟性に欠けると、軸足にブレが出て、余計な負担がかかってしまいます。

またボールを蹴るときには、上半身をひねる筋肉も同時に使われます。お尻の筋肉で踏ん張った状態で、わき腹の筋肉を使って蹴るという仕組みです。そのため、**臀部とわき腹の筋肉が、しっかりと連動するようにしなければいけません**。腰の痛みが大きく和らぎ、再びプレーできるようになった長友選手ですが、アスリートである以上、トレーニングに終わりはありません。そして、彼は常に高い目標を持ちつづけているからこそ、こうした日々のトレーニングにも真摯に向き合えるのだと思います。

●感謝の気持ちを忘れてはいけない

腰の痛みから解放された以降の長友選手の活躍は、ご存知の通りです。北京オリンピックに出場し、FC東京ではレギュラーを獲得。2010年のFIFA南アフリカワールドカップでは日本の決勝トーナメント進出に貢献し、その後、セリエAへの移籍を果たし、現在では名門インテルでレギュラーとして活躍しています。

彼がこれだけの活躍ができるのは、**肉体的資質はもちろん、人間性の部分やメンタル面の強さが大きい**と思います。

出会った当初から、私の懐にぐいぐいと入ってくる貪欲さがありました。もともと人見知りをしない性格で、すぐに周囲に溶け込んで仲良くなれるコミュニケーション能力を持っています。インテルに移籍した当初は、なかなかパスが回ってこないという、ヨーロッパのクラブに移籍した日本人選手誰もが抱える悩みに直面したようですが、この問題もすぐに解決してしまいます。変な話ですが、インテルのロッカーハウスで少しおちゃらけたことをしたりして、チームメイトとの距離を少しずつ詰めていったそうです。長友佑都というキャラクターを仲間たちが理解したことで、やがてパスが来るようになりました。今では完全にチームの一員として溶け込んでいます。

こうした前向きでポジティブな性格の持ち主である長友選手ですが、ケガから回復し、順調にキャリアを積んでいた頃、私から見ても、少し調子に乗っているようなところも見受けられました。北京オリンピックに出場し、日本代表にも選出されるようになった時期だったと思います。このとき、私は長友選手を呼んで「天狗にならないように」と伝えました。かつてオリンピック代表にまでなったものの、世間の評価に舞い上がり自分を見失ってしまった選手を知っていたからです。このときの長友選手も、新聞のコメントなどを見ていると「自分が一番」と思っているような節があり、ここまで来られたのは、土肥選手をはじめとする周囲の協力があったからだろうと諭しました。

今思い返してみると、トレーナーという立場を超えた行動だったかもしれません。しかし、長友選手は私の言葉に素直にうなずいてくれました。そして今では、こんなメールが来るようになっています。

「土肥さんがいなければ今の自分はありませんでした」

「僕を支えてくれるすべての人のおかげで僕はまたスタートできます」

「ありがとうございます。コンディションも上がってきたのでもっともっとレベルアップよろしくお願いします」

私にどうしてほしいという意味ではありません。支えてくれている周囲の人に感謝の気持ちを忘れない、その思いを持ちつづけていることで今日の活躍があると思いますし、これからもこの気持ちを忘れないでほしいと思います。

長友選手は、大学時代に試合どころか練習にも参加できないほどのケガを抱えていた人間です。ケガを治す。試合に出る。試合で活躍する。Jリーガーになる。日本代表になる……とひとつずつ目標を設定して成長を遂げてきました。

ケガが回復して、メンタル的にも成長したことで、長友選手は次の目標を掲げるようになりました。そして徐々にトレーニングは腰痛対策から、よりサッカーのパフォーマンスを上げることを目的としたメニューに変わっていきました。また、走力を上げるためにFC東京のコーチの土斐崎さんと二人三脚で走るフォームを模索するなど、自身の目標を達成するために必要なトレーニングに挑みつづけました。

おそらく腰のケガが回復しなければ、次の目標を持つこともできなかったと思います。これまで、たくさんのアスリートを見た経験から感じることですが、ケガを抱えている選手がトレーニングを終えると、「明日、また痛みが出てしまったらどうしよう」と、どうしても不安にかられてしまうもの。なかなか次のステップへ踏み出す勇気がもてません。

長友選手の場合も同じです。腰の回復が、彼の人生を変えるきっかけになったことは間違いありません。そして、それを実現したのは彼が一生懸命努力した結果であるということ。私はそれをサポートしたに過ぎません。

もちろん腰のケガを経験した長友選手だからこそ、体のケアに関しては今でも人一倍、気をつかっています。だからこそ現在でも体幹トレーニングを続けていますし、「もう腰のケガに悩まされたくない」という強い思いが伝わります。

●大腰筋の強さと体の柔軟性

ここからは、彼の肉体的資質に目を向けていきましょう。

長友選手が私のところに通いはじめた当初、特に目を引いたのが大腰筋の強さです。**大腰筋は、脊椎の下部から太ももの付け根につながっていて、走るときなどに太ももを引き上げる際、重要な役割を果たす筋肉**（大腰筋は腸腰筋を構成する筋肉のひとつ）です。長友選手はこの筋肉がとても発達していました。現在の彼のプレーを見てもらえれば、はっきりとわかっていただけると思いますが、サイドバックとしてサイドライン際で上下動を繰り返し、スタミナも最後まで落ちることはありません。「走る能力」に関して言えば、大腰筋の強さの賜物といえると思います。もともと強かったところを体幹トレーニングで鍛え、さらに走るフォームを模索していったことで、これだけの走力が身についたのです。

記憶にも新しい、2011年の1月に行われたサッカーのアジアカップ決勝。このときオーストラリアを相手に、延長戦で決勝点となるアシストを決めたのが長友選手です。左サイドから見事なセンタリングを上げ、李忠成選手（サウサンプトン）

のゴールをアシストしました。

90分以上走り回り、さらに延長戦の疲れている時間帯に、あれだけ見事なクロスを上げることができたのは、日ごろの体幹トレーニングにより、強い軸がつくられたことが大きいと思います。センタリングを上げた瞬間、体は大きく斜めに傾いていましたが、軸は決してブレておらず、それが結果として正確なクロスにつながりました。普通、あれだけ体が傾くと、どうしても倒れてしまいます。それでも倒れなかったのは、ひねる筋肉の強さと、しっかり軸足で踏ん張れるだけの力があったからです。

大腰筋の強さとフォームを追求したことによって生まれた走力、体幹部の筋力を鍛えて完成したブレない体の軸。これまでずっと努力してきたことが結集したプレーだったと思います。当時、インテルの監督だったレオナルドは、この長友選手のプレーを見て、獲得を決断したと聞いています。

努力は必ず実を結ぶのだということを、彼は身を持って私に教えてくれました。

もうひとつ肉体的な資質として、体の柔軟性も見逃せません。腰周りの筋肉に柔軟性が欠けていたことで、たくさんの腰のケガを患ってしまっていましたが、それでも他のアスリートよりは柔軟性がありました。

そこから、長友選手はさらにストレッチを中心にして柔軟性を高めました。たとえば仰向けになってもも裏（ハムストリングス）のストレッチをさせたとき、つま先が頭を10センチ程度超えるまでになっています。さらに、開脚であれば、160度まで開くことができます。長友選手の場合は腰のケガがあったがために、これだけの柔軟性を身につけなければなりませんでした。

また、以前は硬かった腹斜筋や腹横筋といったわき腹の筋肉も、継続的なトレーニングに取り組んでいることで、今ではかなりの柔らかさと強さを身につけています。

確かに子どものうちに体を柔らかくしておくのはベストですが、大人になっても、こうした地道なストレッチを日々続けていれば、柔軟性が高まり、必ず体にも変化が起きます。

●長友佑都選手のプレーヤーとしてのゴール

最後に、「こうなってほしい」という期待と願いをこめて私なりに思っている長友佑都選手のプレーヤーとしてのゴールについて言及したいと思います。

腰のケガが回復し、痛みもまったくない状況とはいえ、少しでも体幹トレーニングやストレッチを怠ったり、あるいは不意の接触プレーなどで強い衝撃を受ければ、再発する可能性は100パーセントないとは言い切れません。

そうならないためにも、これからも努力を怠ることなくトレーニングに取り組んでいってほしいと思います。私自身も、そのサポートは惜しみません。そうすることで、まだまだプレーの精度やパフォーマンスのレベルは上がっていくはずです。彼は現在、25歳（2012年8月現在）ですが、個人的には40歳まで現役をつづけていってほしいです。

これは多くのアスリートに共通していますが、27歳までに筋肉に大きなダメージを受けなければ、35歳までは現役をつづけることができると、私は考えています。たとえば、24歳で太もも裏（ハムストリングス）の筋肉に肉離れを起こした場合は再発のリスクが高まり、その後、長く現役をつづけることが難しくなるのが実情です（これは、あくまでも私の経験上で導いた一意見です）。

だからこそ、27歳までに筋肉に傷害が出ない体づくりをしっかりと行っていく必

長友選手の体は筆者との共同作業によって、年々進化を遂げている。

要があると私は思っています。**個人差はありますが、だいたい25歳くらいから筋肉は硬くなりはじめますから、トレーニングや日ごろのケアはもちろんのこと、栄養や睡眠を含めて、ケガをしない体をつくっていかなければいけません。**

長友選手が1年でも長く現役生活を送れるように、私なりの手助けをこれからもつづけていきたいと考えています。まだまだ肉体的に大きく衰える年齢ではないですし、もっともっと成長できる可能性を秘めています。今後のさらなる活躍を本当に楽しみにしています。

体幹実例集
Case.2

引退危機からの大逆転劇
谷本歩実（元柔道選手）

2004年のアテネオリンピック、2008年の北京オリンピックの女子柔道63キロ級で、2大会連続の金メダルに輝いた谷本歩実《あゆみ》選手も、短い期間ではあったものの、指導させてもらった選手のひとりです。

長友選手とは異なり、指導した期間は決して長いものではありませんでしたが、今でも忘れることのできない劇的なドラマがありました。

●出会いは焼き鳥屋から

谷本選手と初めてコンタクトを取ったのは、2008年の北京オリンピックが始まる3ヶ月前のことです。私がよく足を運んでいる焼き鳥屋があり、そこの店主に声をかけられたことがきっかけでした。

「谷本さんという北京オリンピックに出る女子柔道の選手がうちによく来るんだけど、どうも腰が悪くて悩んでいるそうなので、今度、木場さんに相談させてもらえませんか？」

もちろん断る理由もなく、また当時、谷本選手が住んでいた寮と私の治療院が地理的に近かったため、すぐに引き受けました。ただ、レントゲンやＭＲＩなど画像があったほうが治療しやすいので、私が紹介した病院で一度レントゲン診断をしてから、治療院に来てもらうようにしたのです。そして、そのうえで、どのように治療を施すかドクターと相談しながら判断しようと思っていました。

しかし、画像を見たとき愕然としました。谷本選手は、長友選手が患っていた**腰椎分離症よりも症状的に重い、腰椎すべり症**だったのです。

●腰の障害の中でも症状の重い「腰椎すべり症」

背柱は背部から腰部にかけて24個の骨が積み木のように重なって構成されています。**腰椎すべり症は、腰骨にあたる腰椎が分離して、その部分が前方にずれて、激しい痛みが起きる症状**です。主に、ずれた骨が神経を圧迫することが痛みの原因となります。さらに慢性的なだるさを引き起こし、日常生活もままなりません。

これだけの苦しさを味わうほどの障害です。試合はおろか練習すらできないはずでした。それほどにひどい症状を抱えた状態で、本番となる北京オリンピックは3ヶ月後に迫っていました。

当然、谷本選手自身も激しい腰の痛みから、相当重症であることを認識していました。北京オリンピック直前で練習もできない現実を目の当たりにして、精神的に半ば諦めたような状態でした。前回のオリンピックで金メダルを獲得していましたから、当然周囲は2連覇を期待します。しかし、腰の状態の悪さに加えて、過去の対戦成績で分が悪いフランスのリュシ・デコスという選手が同じ階級にエントリーしていたため、「参加できれば、それで満足です」というようなことを口にしているほどでした。

しかし、私が一度、トレーナーとして仕事を引き受けた以上、妥協はできません。「前回も金メダルを獲得しているし、谷本選手の力ならまた金メダルを取れる」と私は信じていましたので、治療とトレーニングのために通ってもらいました。

谷本選手の体を治療していったところ、やはり腰の痛みやケガを抱える多くの選手と同じように、体幹部の筋力で弱い箇所があることがわかりました。本来ならばすぐにでも強化しなければなりません。しかし残された時間も少ないうえに、腰椎すべり症という激しい痛みを伴う障害を抱えている以上、体幹部の強化よりも、痛みをできる限り取り除くことが優先課題でした。

痛みが出るのは、決まって腰を反ったり、あるいはひねる動作を行ったときだっ

たため、その部分を鍼《はり》やマッサージ、ストレッチで緩めていきました。その後は体幹部を全体的に鍛えるトレーニングを施し、筋肉を固める作業を北京オリンピック直前まで行いました。

●踏ん張る力を体幹トレとテーピングで強化

私はまず仰向けに寝た状態で、両ヒザを曲げて、胸のほうに引き寄せる動きを谷本選手に行ってもらいました。このときに痛みを感じるということは、腰の筋肉が引っ張られていることを意味しています。これでは、内股などの技をかけようとした瞬間に痛みを感じてしまい、力が入りません。そこで腰を引き上げる筋肉を緩めることからスタートしました。また、谷本選手は得意技が一本背負いだったため、しっかりと足で踏ん張る力も求められます。その際に、やはり体幹部に痛みを感じてしまうと、どうしても体の軸がブレてしまいます。そういったことを考えて、当時、彼女のできる範囲で体幹トレーニングを指導しました。

幸いしたのは、ある程度、体幹部が鍛えられていたことです。さすがはオリンピックで金メダルを獲得するほどの世界トップレベルの実力者だと実感しました。このときは腰椎すべり症を患っていたため、技のキレは少し落ちていたように見受けられましたが、回復を信じて、必死でトレーニングに取り組んでくれたことで、徐々にではありますが、技のキレも戻ってきたように感じました。

もうひとつ、彼女に重要なことを伝えました。それは柔道用の足首のテーピングです。谷本選手は足首の関節が緩く、畳の上で足をしっかりと踏ん張る力に欠けていました。強く踏ん張ることができなければ、畳で滑ってしまい、腰にも余計な負担がかかります。そこで試合前に自分でできる足首のテーピング法を伝えたのです。これは、足首の関節部分を８の字にテーピングする方法です。柔道の場合は技をしかけるときや、足払いなどをされた際に足が滑らないようにするため、足指やかかとにテーピングを巻かず、足首だけに施すのです。できる限り素足の状態にすることで、畳の上での足の踏ん張りも効くようになります。

●すべて一本勝ちで金メダルを獲得

谷本選手自身も長友選手と同じように大変な努力家でした。

腰椎すべり症という障害を患っていたこともあり、腹横筋や腹斜筋などのわき腹の筋肉を柔軟にし、さらに強化する必要がありましたが、そのためのストレッチや体幹トレーニングに真摯に取り組んでいました。自宅でも、これらのメニューをこなしていたようです。口では「(オリンピックに) 参加できるだけでいい」と言っていましたが、もちろんアスリートである以上、やはり勝ちにこだわりたかったはずです。少しでもベストの状態に近づけたいという気持ちが、彼女の姿からしっかりと伝わってきました。

迎えたオリンピック本番では、すべて一本勝ちで決勝まで勝ちあがります。決勝の相手は、因縁のデコス選手でしたが、見事な内股を決めて一本勝ち。2大会連続での金メダル獲得という快挙を成し遂げました。足首には私が伝えた方法のテーピングが丁寧に施されており、翌日の新聞にもそれがはっきりと写っていました。

本番まで3ヶ月という短い時間でしたが、見事な金メダルでした。治療やトレーニングによって、多少なりとも症状が緩和された結果、わずかですが気持ちにゆとりが生まれ、メンタルの部分でも谷本選手にポジティブな影響が少なからずあったのではないかと思います。

時間が限られていたため、「腰椎すべり症」は五輪までに完治しませんでした。

しかし、それが逆にいい方向へと働いた側面はあります。痛みが少し残る状態でオリンピック本番の舞台に臨まざるをえなかったため、ケガの影響を少しでも感じないですむよう、柔道のスタイルを攻撃的なものに転換したのです。それが功を奏しました。自身の弱みを消すために強気の姿勢で試合に挑み、すべて一本勝ち。私も柔道経験者だったので「早く勝負をつけるスタイルで挑んだほうがいいのでは?」とアドバイスさせてもらいました。そういう部分でも意思疎通がうまくいったことは、トレーナーとして喜びを感じます。

●右ヒザの靭帯断裂という大ケガに見舞われる

北京オリンピックの翌年の2009年3月14日、谷本選手は右ヒザを負傷します。そして、再び私のもとを訪れました。検査の結果は、右ヒザの前十字靭帯の断裂。回復するまでには一般的に半年以上の時間を要するといわれ、スポーツ選手にとって重いケガでした。

しかし、谷本選手は、この年の世界選手権に出ることを目標に掲げて、まずはその出場権を懸けた全日本選抜柔道体重別選手権への出場を目指していました。世界選手権出場の切符を獲得するためには、この大会で優勝することが条件になります。谷本選手が私のところへやってきた段階で、体重別選手権は約3週間後に迫っていたのです。

こうして大会直前まで谷本選手と私、そして診断に携わったドクターの間で、大会に出場するかどうかを相談しながら、懸命な治療とリハビリを進めていきました。

そして迎えた大会出場登録日の前日、もう一度、出場するか否か、谷本選手としっかりと話し合いました。そこで谷本選手は、はっきりと「出場したい」と口にしました。

私もその熱意に押され、患部へのテーピングをしっかりと施すことを条件に、大会出場を許可したのです。

結果でいえば、のちに世界選手権2連覇を果たす上野順恵選手に決勝で敗れてしまい、世界選手権への出場はなりませんでした。しかし、試合後のインタビューで「ヒザを痛めた状態で、ここまでやりきることができ、悔いはありません。この経験は今後、指導者となったときに役立つと思います」というコメントを残しました。

そして、この大会から約３週間後の４月28日に谷本選手は右ヒザの手術に踏み切ったのです。

この言葉を聞いたとき、私は、**トレーナーとアスリートの関係が正しく成立していたことを実感でき、自分の存在意義や役割を再認識**するにいたりました。

●トレーナーとアスリートの関係性

このような谷本選手との出来事を通じて、トレーナーとして大切にしなければならないことに気づきました。

それは、選手のケガの状態から「できる、できない」の見極めをしなければならないということです。もし、それを見極めるだけの能力をトレーナーが持っていなければ、選手寿命を縮める結果につながってしまいます。

また、選手とトレーナーの共同作業で「選手はどうしたいのか」を知るために、コミュニケーションをはかる必要があります。やるのは選手本人ですが、スイッチを入れるのは、トレーナーだと私自身、思っているからです。このことを谷本選手への指導から学びました。

「腰椎すべり症」を患いながらも、懸命なトレーニングによって谷本選手は2大会連続で金メダルを獲得。現役を退いた今、後進の指導にあたっている。

選手自身のセルフケアも大切です。自己管理ができるように導いてあげることもトレーナーの役目だと思っています。

ケガをした際はどういう対処法があるのか。もしくはケガをしないためには日ごろからどんなストレッチをすればいいのか。こうした自己管理を、本当は子どものうちからできるようにならなければいけません。事実、そういう選手ほど、競技人生を長く続けられています。

トレーナーとして、セルフケアや自己管理の大切さを、子どもたちにも伝えていきたいと考えています。

体幹実例集
Case.3

監督・コーチ・トレーナー・選手一丸で連覇を達成

サンフレッチェ広島ユース

●未来を担う子どもたちにもKOBA式を伝える

　ここまでは、長友佑都選手や谷本歩実選手といった世界で活躍するトップアスリートの例を紹介してきましたが、KOBA式に取り組んでいるのは、そうした完成された大人の選手たちばかりではありません。小学生や中高生まで未来の日本のスポーツ界を担っていく世代の選手たちにも、KOBA式メソッドを伝えていきたいと思っています。

　特にゴールデンエイジと呼ばれる世代や成長期の子どもたちには、一般に成長を妨げる筋力トレーニングは、そこまで重要ではないと私は思っています。むしろ、**骨格や筋肉が十分にできあがっていないこの時期には、ケガをしない、自体重のみで行える体幹トレーニングやストレッチが適していると思います。**

　体幹実例集の三つ目として、Jリーグクラブ・サンフレッチェ広島ユースでの取り組みを紹介しましょう。ユースとは高校生年代の選手で組織されたチームです。この年代の子どもたちにとっても、体幹トレーニングの効果があることを理解していただければと思います。

●自分の体の特徴を知り、ケアする重要性

初めてサンフレッチェ広島ユースの方から、声をかけていただいたのが２０１０年でした。当時のチームはそれまでの４年間、ユース年代の全国大会でタイトルを獲得できていませんでした。そして森山佳郎監督は、個々の選手の力を伸ばして、チームを強くするために、トレーニングメニューを変えていきたいという考えを持っていらっしゃいました。そんなとき、サンフレッチェ広島ユースの山崎真コーチが、私がＦＣ東京のヘッドトレーナーを務めていた当時、ケガの治療方法やトレーニングの指導をした選手だったことがきっかけで、山崎コーチを通じて「トレーニングを見てもらえないか」と連絡が来たのです。

しかし、私はすぐに体幹トレーニングの指導を行いませんでした。まず練習を見学させてもらい、普段行っているトレーニングを確認しました。実際に私がメニューを組み立てる際の参考にしたいと考えたからです。練習を見学してみて一番の印象は、「とにかくハードなトレーニングを行っているな」というものでした。１対１でのボールの奪い合いなどで激しく体をぶつけ合ううえに、そのような練習をほぼ

毎日のように行っていたのです。そのためにケガ人が絶えないような状況で、特に腰痛や肉離れの選手が続出していました。

ケガが多い状態では、いくら技術があったとしても、実際の試合でチームが機能するのは難しくなってしまいます。そこで私は、サッカー選手にとって、体のケアがいかに大事かを説明するため、選手たちに自作のＤＶＤを見せて、レクチャーしました。かつてパーソナルトレーナーを務めた宮本恒靖さんや福西崇史さんらが、長く現役を続けるために、どういったトレーニングを行い、いかにして体をケアしてきたかという内容です。

一流選手はみな、自分の体をよく理解しています。

さらに、食事や試合前日の睡眠の取り方、入浴の仕方にいたるまで高校生に丁寧に指導しました。**ただトレーニングをしているだけでは効果が表れない。日常生活から変えていく必要性を徹底して伝えていきました。**

●トレーニングは量よりも質を重視

指導したのは選手ばかりではありません。コーチの皆さんにも体のケアの重要性を説いていきました。

私が練習メニューとして主に提案したのは、基礎となる体幹トレーニングに加えて、坂道ダッシュ、そして、空中で脚を大きく開き一歩一歩をしっかり踏み込むバウンディングです。このバウンディングは、瞬発力と筋持久力を高めるのに、うってつけのメニューと言えます。さらに、**トレーニングで最も大切な点は量をこなすことよりも、一つひとつのメニューに集中して、100パーセントの力を出すこと**だと伝えました。

量をこなす方向にシフトしてしまうと、どうしてもケガ人が増えるリスクが高まります。そこで「本数や量は少なくても、一本一本に集中して、激しい練習にも対応できるようにしましょう」と進言させてもらいました。

その意図を監督・コーチの皆さんが理解してくれて、トレーニングの方向性を変えてくれました。選手自身も、これまでコーチや私が話してきたことをわかってくれました。以前よりも練習のボリュームが減った分、逆に一層集中して取り組むようになり、また体のケアにも意識が届きはじめました。チーム全員の努力によってやがてケガ人も減っていったのです。

そしてこの年、チームは高円宮杯全日本ユースサッカー選手権というユース年代の日本一を決める全国大会で優勝。体をケアすることの重要性を知り、練習への取り組み方を変えた結果、あれだけ遠かった全国大会のタイトルを手中に収めました。翌2011年もトレーニングを継続し、前年に引き続き、高円宮杯全日本ユースサッカー選手権で優勝。見事に2連覇を果たしました。この年は他チームに比べて、決して個々の能力が高いとは言えず、首脳陣も厳しい予想をしていました。しかし、夏場に体力が落ちないようにフィジカル面を徹底して鍛えたことが、好結果へと結びつきました。

●成長期に有効な体幹トレーニング

私が育成年代のトレーニングを行うとき、成長期であるがゆえにマシンなどを使った筋力トレーニングよりも、自体重を使ったトレーニングを重視してメニューを作成するようにしています。

筋肉や骨が伸びる時期にもかかわらず、体に過剰な負荷や重力がかかる練習をしてしまうと、どうしてもケガが増えてしまいます。その点、体幹トレーニングは自体重を利用したメニューですから、安全性という面から見ても、とても有効です。

サッカー選手の場合には、パワフルな筋肉は必要ありません。むしろ、**さまざまな動きに対応できるように俊敏性を高めて、筋肉を連動させることが大切**です。たとえば瞬間的にターンする際は、軸足でしっかりと踏ん張り、わき腹の筋肉を使って腰から上体をひねる動作ができなければなりません。しかし、マシンを使って筋肉の一部分だけを重点的に鍛えてしまうと、筋肉の連動性は高められないのが実情です。事実、筋骨隆々なボディービルダーは、野球のスローイングやサッカーのキックやターンをなかなかスムーズに行えません。

では最後に、試合前のウォーミングアップに適したメニューについて触れたいと思います。

サッカーのウォーミングアップとして一般的に行われるのは、主にボールを使ったトレーニングです。日本代表の選手たちが、狭いスペースでボール回しをしているシーンを、テレビで見たことがある方もいらっしゃると思います。

しかし、私の場合は、ボールを使ったウォーミングアップはあまり行いません。全体のメニューのうちの２割くらいに抑えています。**あくまでもゲームで動きやす**

い体の状態にもっていくことがウォーミングアップの目的。そのためには体の反応をよくしなければなりません。つまり**筋肉に刺激を加えて、力を出しやすい状態にする**のです。そこで私は体幹トレーニングやチューブを使ったトレーニングを行っています。

これらのトレーニングは、血管を広げて、筋肉の動きをスムーズにさせます。関節の可動域も広がります。たとえば足首にチューブを巻いて、ヒザを曲げた状態で片足を上下動させるメニューを行うと、股関節の可動域が広がり、臀部の筋肉の柔軟性が高まるため、自分が思っている以上に足が上がるようになります。そうすれば、試合でのキック動作も、よりスムーズになります。

サッカー選手であれば、普段からボールを使ったトレーニングは数多くこなしているはずです。ですから試合前は、ゲーム中に体がスムーズに動くようにすることを一番に考えるべきです。他チームのコーチや指導者からは、「試合前に、なぜ、そんなに疲れてしまうアップをさせているんだろう」と不思議に思われているかもしれません。しかし、これらのメニューは、先に述べたように私なりの根拠のもと行っているのです。

体幹実例集

Case.4

どんなスポーツ競技でもKOBA式は効果あり

野球、ゴルフ、ビーチバレー、ボートレースなど

現在はプロサッカー選手だけでなく、小学生から高校生まで幅広い年代のサッカー選手を指導するケースが多いのですが、体幹トレーニング自体が世間的に広く認知されるようになったため、さまざまスポーツ競技の方々から声をかけていただくようになり、体幹トレーニングの効果や重要性を説明させていただく機会が増えました。

野球をはじめ、ゴルフやビーチバレー、珍しいところではボートレーサーを指導しています。**どんな競技であれ、スポーツに体幹トレーニングは不可欠です。**

●ボートレースの選手をアスリート化する

2012年に一般財団法人日本モーターボート競走会から声がかかり、レーサーたちに体幹トレーニングを指導してきました。ボートレースといえば、競馬や競輪と同じく、ギャンブルととらえている方が多いと思います。モーターボート競走会の方々は、そうしたイメージを少しでも払拭しようと、選手たちのアスリート化を目指す動きに取り組みはじめました。最近のボート界には、男女ともに人気のあるレーサーがそろっています。彼らをアスリート化することで、スター選手に育てあげて競技自体の人気向上をはかり、同時にケガをしない体づくりを行うことによって、レーサーの選手寿命を伸ばすことを目的があったようです。

モーターボート競走会から、所属している選手たちに体幹トレーニングを指導してほしいという話をいただいた際、早速、多摩川競艇場に足を運び、どういう特性を持った競技であるかをつぶさに観察しました。実はこれまで、私は一度もボートレースを見たことがありませんでした。競技自体を把握するだけでなく、さらには実際に選手の体を自分の手で触って、どういう筋肉が疲れやすく、また痛みが出やすいのかも細かくヒアリングしました。この体験が、実際の講習でも大いに役立ちました。

●体の半分に強い負荷がかかる競技

ボートレースは、1周600メートルの規定のコースを3周回って順位を競います。

艇に乗っている選手は、中腰のような姿勢で足をぐっと踏ん張り、カーブや加速の際にかかる重力や揺れに耐えています。また**反時計周りでレースをするため、ター**

ンのたびに右足で踏ん張る関係で、右半身の腰に強い負荷がかかります。選手たちも、やはり「レース後には、右半身の筋肉が強く張る」と言っていました。また実際に競艇場へと足を運んだとき、レース中に転覆事故が起き、脳震盪を起こして救急車で選手が運ばれる現場も目撃しました。こうした事実を知っていく中で、私はより一層、体幹部の強化が必須であると感じました。

転覆を防止し、ターン時の強い負荷に体が耐えられるようにするためには、腹斜筋や腹横筋、さらに腰から臀部にかけての筋肉の強化が必要不可欠だと思いました。

福岡県にある競艇選手の養成所「やまと学校」で行われた講習会では、体幹を鍛える必要性を説明しながら、体幹の強化方法をまとめたＤＶＤを選手たちに見せました。そして、「ボートレースという競技において、いかに体幹が重要か」を説明し、体幹トレーニングを指導しました。

ボートレースには、もうひとつ難しい問題があります。それは競技における厳しい体重制限です。規定の体重をオーバーしても、あるいは逆に少なすぎてもいけません。

規定体重の下限を下回った場合には、錘をつけるなどの重量調整が行われ、一方で、規定体重をオーバーしないようにと、選手たちの多くは過酷な減量をしていました。食事の量もかなり抑え、トレーニングも可能な限り筋肉をつけないようにしていたのです。女子選手の中には、レース前の数日間をほぼ絶食で過ごし、体が極度に疲労した状態でレースに臨む選手もいました。事実、体重を気にする選手たちは、私が体幹トレーニングのDVDを見せると、「筋肉がついて体重が増えてしまうのでは」と心配の声を上げていました。体重制限のあるスポーツ競技の選手に体幹トレーニングを勧めると、こういった意見を必ずいただきます。

しかし、**トレーニングを行わず減量のみでアスリート化をはかることは困難**です。そこで私は、**体幹トレーニングを行ってインナーマッスルを強化すれば、逆に体の基礎代謝も上がり、体重が落ちやすくなる**と、その理由を明確に伝えました。また、体幹強化によって腰痛予防や転覆防止にもつながるため、ボートレーサーには必須のトレーニングとであるともつけ加えました。

モーターボート競走会主導の選手たちをアスリート化する取り組みはつづいています。先日の講習会をきっかけに少しでも選手のケガ予防やパフォーマンスアップに役立ててもらえるといいなと思っています。

●ビーチバレーは背筋の強化が必須

ビーチバレーの選手も指導させてもらっています。基本的には選手のパフォーマンスアップをさせるために必要な体づくりを手伝わせてもらっています。いま見ている選手は日本でもトップクラスですが、たとえば、その選手はこれまで、スパイクを打つとき、ポイントを前に設定しているとのことですが、どうしても腕がひねられてしまい、ボールにスピードが出なかったようです。私も実際に試合を見たとき、優勝した選手の強いスパイクとの違いがわかりました。

現在は、**スパイクを打つ際に背筋を使って腕をうしろに引きつけ、そのままスムーズに腕が触れるように、背中を中心とした体幹トレーニング**を行っています。足でしっかりと地面を踏ん張り、体幹部を固めた状態で、長いチューブを腕で引っ張るメニューなどが主なものです。また、肩甲骨をスムーズに動かせるかどうかも重要なため、柔軟性を高めるためのストレッチも欠かせません。

ビーチバレーの場合は、アタックもジャンプも背筋の強さがポイント。ここに重点を置きながら、今後もサポートできればと思っています。

●ゴルフも柔軟性を高めながら体幹部を強化

サラリーマンの方にも愛好者が多いゴルフですが、この競技でもパフォーマンスアップのためには、体幹トレーニングが必須といえます。以前に「飛距離を伸ばしたい。安定したスイングをつくりたい」という目的で、プロゴルファーにトレーニングを指導した経験もあります。

特に体の軸の安定が重要です。簡単にブレない強い軸をつくれば、フォームやスイングが安定し、飛距離もアップします。

ゴルフのプレー中は、いかに自分のフォームでボールを打ち続けられるかが勝敗を分けますが、そのフォームを形づくるために、練習では何百球とボールを打ち込むので、どうしても背中や腰に負担がかかります。そして筋肉や関節が固まってしまい、張りや腰痛を招くのです。

こうした事態を避けるには、やはり**体幹を鍛えると同時に、柔軟性の向上がカギ**になります。以前、メディアで石川遼選手の肩甲骨のしなやかな動きが取り上げられていました。あれほど肩甲骨が柔らかければ、スイングは滑らかになるはずです。

●野球は〝スロー〟と〝クイック〟で鍛える

野球のパフォーマンスアップにも体幹トレーニングは効果的です。

私が初めて、野球選手を指導したのは、当時、北海道日本ハムファイターズに所属していた正田樹《いつき》投手です。このとき、正田投手は肩を痛めており、その治療も兼ねて体幹トレーニングを指導しました。ただ、指導しはじめて間もなく、阪神タイガースへ移籍となり、そこでトレーニングも終了となりました。

当時の彼は体幹が弱く、コントロールも定まらない面がありました。二人三脚でもっとじっくりトレーニングできる時間があればよかったなと、正直悔やまれます。阪神を退団したあとは台湾や地域リーグを経て、2012年から東京ヤクルトスワローズに在籍しています。もともと彼は名門の桐生第一高校出身で甲子園優勝投手ですし、才能はあります。今年は、一軍の試合でも中継ぎとして登板していますし、ぜひ活躍してほしいと期待しています。

直接的に関与はしていませんが、読売ジャイアンツの二軍や育成選手に対してもKOBA式のトレーニングメソッドが導入されています。二軍のトレーニングコーチである伊藤博さんと古くから親交があり、その関係性もあって、トレーニングに関するアドバイスを求められたことがきっかけです。

そこで、伊藤コーチにスロー&クイックという体幹トレーニングを提案しました。これは、**筋肉を緩めた状態（スロー）から、瞬間的に力を入れる（クイック）トレーニング**を意味します。**瞬間的に力を入れて筋肉を固めると、バッティングでのインパクトの強化や、軸のブレない体づくりに効果**が出ます。投手の場合、軸が安定すれば、ピッチングも変わります。**コントロールの精度が上がり、さらに体幹を通じて手首にパワーが伝わるため、威力のあるボールを投げられます。**

このトレーニングは現在でもつづけてくれているようです。サッカーを中心に注目を浴びるようになった体幹トレーニングですが、野球界では現在解説者を務める工藤公康さんも現役時代から体幹を使った投球フォームを確立していました。今後、こういった体幹の重要性を理解した選手がどんどん増えてほしいと願っています。

野球、ゴルフ、ビーチバレー、モーターボート……どんなスポーツ競技でも体幹が果たす役割はとても重要です。

特にアスリートの皆さんには体幹トレーニングに取り組んでほしいと思います。

体幹実例集
Case.5

体幹トレーニングで肺を大きく！

ミュージシャン

●ミュージシャンと体幹の関係性

体幹トレーニングは何もアスリートだけが行っているわけではありません。プロのミュージシャンの中にもKOBA式メソッドを取り入れている方がいます。

私はソロシンガーの森山直太朗さんのパーソナルトレーナーと、若者に人気のグループ・ファンキーモンキーベイビーズのコンサートトレーナーを務めています。

ミュージシャンと体幹トレーニング。一見、何のつながりもないように感じられる読者の方も多いかと思いますが、そんなことはありません。体幹部の強化とミュージシャンのパフォーマンスアップは密接に結びついています。

●肺を大きくして大量の酸素を取り込む

もともとサッカーが大好きな森山直太朗さんは、趣味で行っているサッカーやフットサルでパフォーマンスアップを目指したいと、私のもとに通いはじめました。その過程で、ミュージシャンとして本格的に体幹トレーニングを導入するようになったのです。

ミュージシャンが、ステージでよいパフォーマンスを見せるための重要なポイントのひとつに、声量があります。実はこの**声量を体幹トレーニングで大きく向上できる**のです。ポイントは肺を大きくすること。そうして酸素を大量に取り込み、おなかから声を出すことによって声量アップにつながって、響くような大きな声を出せるのです。

重要なのが、**肋骨と肋骨の間にある肋間筋の動きの拡大**です。**この筋肉を広げてしっかりと動かすことで、より多くの酸素を体内に取り込める**ようになります。

さらに、肺を大きくするためには、背中の筋肉を柔軟にする必要があります。背筋が硬く縮まってしまうと、大きく息を吸い込むことができません。この**背筋の柔軟性は肺呼吸をする人間にとって非常に大切**で、マラソンランナーもレースの前日には、背中の筋肉をほぐして、肺に大量の酸素を取り込めるようにするほどです。

背筋と肋間筋には密接な関係性があります。肋間筋が大きく動かなければ、肺が大きく広がらないだけでなく、呼吸をする際に背筋を過剰に使ってしまうため、背中が張ってきてしまうのです。するとアゴが上がってしまい、大きな声が出ないという悪循環に陥ります。

●フォームローラーを有効活用

そこで、私はフォームローラーと呼ばれるエクササイズグッズを使用します。これは、アスリートがストレッチなどの際に使用する円柱型（中央部分でカットされたハーフカットタイプもある）のものです。**フォームローラーは、体幹が弱い方でも安心してトレーニングに取り組める道具**です。仰向けの状態でローラーに寝ると、骨盤と脊柱が安定するため、運動不足の方でもケガの心配をすることなく、トレーニングを行えます。

メニューの一例を紹介しましょう。フォームローラーを背中に当てた状態で仰向けに寝ます。その体勢で腕を横や上下に動かすことによって背中の筋肉が緩み、肋間筋が広がりやすくなります。さらに背部から腰部の筋肉をマッサージやストレッチでほぐします。こうしたメニューを継続的に行うことで、自分自身の筋肉で大量の酸素を肺へ送り込めるようになるのです。

このメニューに対しては、森山直太朗さんや、ファンキーモンキーベイビーズも、「本当に声がよく出るようになる」と、トレーニングの成果を驚くほど実感してくれているようです。そんな彼らは、いつもコンサートで大勢の観客を前にパワフルなパフォーマンスを見せてくれます。私としては今後もできる限りのサポートを行っていければと考えています。この項で紹介したフォームローラーを使ったトレーニングは、将来、歌手を目指している方、現役のミュージシャン、そして趣味でカラオケを楽しむ一般の方にも、とてもオススメです。ぜひ実践してみてください。

●腹圧の高まりが声量を生む

ここで紹介したメニューだけに限りません。KOBA式は、腹圧を高めて骨盤を正常な位置に戻し、脊柱を自然なS字カーブに整えることで、正しい姿勢を手に入れられると第2章で紹介しました。

腹圧を高められれば、いわゆる腹の底から声を出せるようになります。また、ミュージシャンは全身を使って声を出しているため、チューブを使ったスクワットなどで、太ももと臀部の筋肉を鍛えるトレーニングを行うこともあります。アスリート同様、ライブなどでは体が相当なダメージを受けますから、日ごろから体を鍛える必要があるのです。

体幹実例集
Case.6

日常生活のこんなシーンで腰痛に注意
一般の方の症例と、対策法

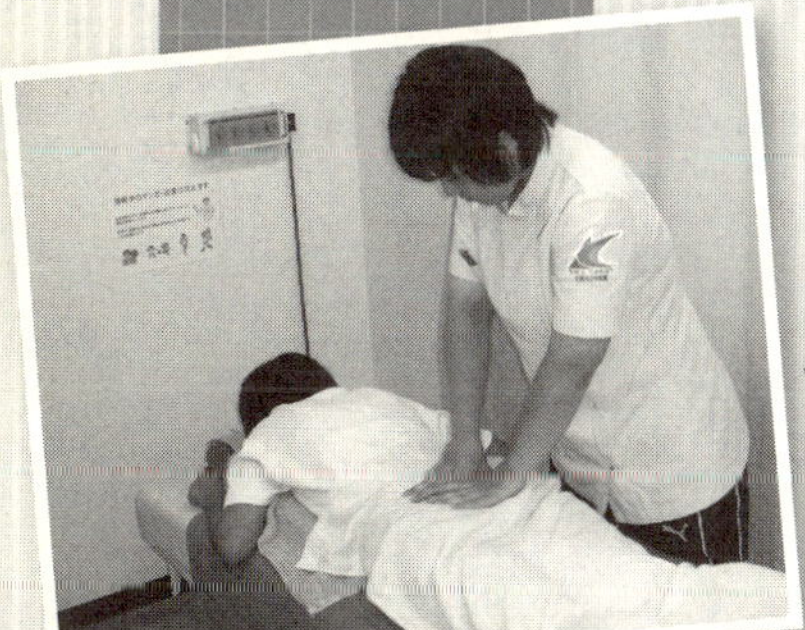

ここまでトップアスリートやミュージシャンの事例から、体幹トレーニングの重要性を説明してきました。この項目では、一般の方に焦点を当てたいと思います。

私はこれまで子どもからお年寄りまで多くの患者さんの治療にあたってきました。

腰痛を例に上げると家事やデスクワーク、趣味のゴルフなど、日常生活の中でもちょっとしたことで体は悲鳴をあげてしまう場合があります。しかし、その多くは継続的にストレッチと体幹トレーニングを行うことで、未然に防げる可能性が高いものばかりです。

これから一般の方が陥ってしまった、あるいは陥りやすい症例を紹介していきます。身に覚えのある方は、今日からでもKOBA式メソッドに取り組んでみてはいかがでしょうか?

1日、数分でOKです。自分の体に向き合い、自分でケアすることを常に心がけてほしいと思います。

●ゴルフで腰の筋肉が固まった!

ゴルフがお好きな方は多いと思いますが、皆さんは普段からしっかりと体のケアを行っているでしょうか？　また、事前にストレッチで筋肉を柔らかくしてからプレーをはじめているでしょうか？　これまで腰痛が出ていないから問題ないと油断していると、思わぬケガにつながることがあります。

ゴルフを趣味にする50代の男性のお話です。ある朝、彼は会社の同僚や取引先の方とゴルフに向かいました。しかし、スタート時間が早く、早朝に起床しなくてはならなかったため、打ちっぱなしやストレッチなど準備運動を行わずに、ラウンドを開始してしまいました。そのままコースに出て、スイングを繰り返しているうちに、徐々に腰に違和感を覚えはじめます。痛みはそれほどではありませんが、なんだか腰周りが重く、固まっていくような感覚です。

ハーフ（全18ホール中の9ホール）を回るころには、すっかり腰が固まってしまいました。しかし、上司や取引先の方がいらっしゃいますから、なかなか言い出せなかったようです。

昼食をとり、午後もゴルフをつづけましたが、ドライバーの飛距離は、どんどん落ちていきました。**腰の筋肉が固まったことによって柔軟性がなくなり、それだけ関節の可動域が狭くなってしまったのが原因**です。

やっとの思いで、全18ホールを回り終わったものの、腰の固さは一向に取れません。さらに、帰りは自宅まで長時間にわたる車の運転。しかも休日の夕方という条件も重なって渋滞が起き、車は一向に進みません。長時間、同じ姿勢を取っていたために、腰はさらに固まっていきます。もう、ガチガチの状態です。腰の違和感をぬぐえぬまま、その日は寝床に着きました。

翌朝に目覚めたとき、思わぬ事態が待っていました。腰が完全に固まってしまい、体がまったく動きません。寝返りをうつことさえままならず、男性は会社を休むことになってしまいました。

「動けなくなるほど、腰が固まってしまうことなんてあるのだろうか?」と疑問に思う方もいるかもしれませんが、決して珍しいケースではありません。日常的に運動をしていなければ、人間の筋肉は年齢を重ねるごとに硬くなっていきます。

今回のケースにおける治療方法は、**ストレッチで筋肉を柔軟にし、弱くなってしまった体幹部の筋肉を強化すること**です。特に重要なのは、ストレッチ。凝り固まった筋肉をほぐして、伸ばさなければなりません。マッサージも有効な手段になります。腰が固まってしまった方は、特に股関節が硬くなっている場合が多いので、関節を緩め、体幹トレーニングに取り組みます。もちろん、こういったトレーニングをはじめる際は、まず専門医やトレーナーに教わってからにしましょう。

●ランニングをしたら足がしびれてきた！

近年、ランニングが非常にブームとなっていますので、一般的なランナーの方の例を紹介します。

読者の方の中には、健康のことを考えて、ランニングをはじめた方もいらっしゃると思います。しかし、ここにも危険は潜んでいるのです。それまで特に運動をしてこなかった方が、いきなり長い距離のランニングをしてしまったことで、足がしびれる症状を起こすケースが増えています。

症状の原因の多くは、やはり腰です。もともと日ごろの運動不足により、脊柱起立筋をはじめとする背中の筋肉が固まっています。さらに太ももを引き上げるときに作用する腸腰筋も衰えがちなため、どうしても出尻の状態になり、きれいなフォームで走りにくくなります。そのような**姿勢が悪いフォームでランニングを続けた結果、地面からの衝撃が腰部に伝わりやすくなり、椎間板が押しつぶされて炎症を起**

こし、足がしびれてしまうのです。

対処法は、腰部を中心としたストレッチと体幹トレーニングです。サッカーのJリーグチームでも、シーズン前のキャンプでは徹底した走り込みを行いますが、いきなりのハードなランニングで腰痛になってしまう選手も少なくありません。これは、体の準備ができていない状態でランニングをした方と同じで、キャンプ前の自主トレを怠ったがゆえに、柔軟性や筋力に欠け、腰を痛めてしまうのです。

いきなりのランニングで腰痛になる方は近年増えつづけています。健康目的ではじめたランニングで、腰を痛めてしまっては元も子もありません。**少なくとも股関節や腰の柔軟性を高めるストレッチだけは行ってから、走るようにしましょう。**

●突然のぎっくり腰に襲われたら……

ふとしたことで、突然、腰に痛みが襲ってくる。ぎっくり腰も日常生活においては注意しなければなりません。重いものを急に持ったことで発症するケースはよくありますが、他にも無理な体勢でかがんで靴ひもを結んでいるときなどにも、ぎっくり腰は起こります。

日常生活ではぎっくり腰に要注意!!

腰を前にかがめて、モノをとる

↓ 腰を痛める！！

前屈していた腰を伸ばす

ここでは、主婦Aさんのケースを見ていきましょう。

ある朝、洗濯物を干そうと、Aさんはベランダに出ました。シャツにパンツ、靴下など、洗ったばかりの衣類を次々に、物干し竿にかけていきます。残るは、長男のシャツが一枚だけ。そのシャツを洗濯カゴから取ろうと、腰を前屈させます。あとはしわを伸ばしてハンガーに通し、物干し竿にかければ洗濯は終わりです。Aさんは、そのために前屈させていた腰を伸ばしました。その瞬間、腰に急激な痛みが走ったのです。

これは、ぎっくり腰が起こるときの典型的な例です。腰を何度も前屈させると、重い上半身を腰の筋肉で支えなければならず、乳酸がたまっていきます。そして、血流が悪くなり、急に上体を起こしたことで、ぎっくり腰を発症するのです。**乳酸がたまって血流が悪くなると、腰に限らず、筋肉全体が固まっていきます。そして前屈の動作で負担のかかっている関節の一部分に、さらなる負荷がかかり、腰椎がずれ、神経にあたって痛みが出る**仕組みです。

痛みは腰部の中心や全体というよりも、どちらかの側に偏っているケースが多いのも特徴です。ぎっくり腰の状態で腰を伸ばそうとすると、痛みのある側に上体は傾きます。またイスなどに座ると一時的に痛みは消えますが、治ったわけではありません。再び立ちあがろうとすれば、背中の筋肉が使われるため、激しい痛みがぶり返します。

ぎっくり腰になった場合、まず筋肉を緩めるところから意識しましょう。腰の右側に痛みがある場合は、右半身を上にした状態で横向きに寝ると、筋肉が緩んで痛みはかなり緩和されます。**痛みがある側を上にして横になり、氷のうなどで冷やしながら安静にするのがベスト**です。治療院では、このようにして筋肉を徐々に緩めてから、鍼治療などでさらに回復をはかる方法もあります。痛みが強い場合は、必ず専門医に相談してください。**痛みが取れたあとは、万全を期するため、ストレッチや体幹トレーニングを行って体幹周りの筋肉を強化**しましょう。このとき、バランスよく筋力を高めることが重要です。これはアスリートでも一般の方であっても、まったく変わりません。

ここまで読まれた皆さんは、体幹トレーニングの大切さを十分に理解していただけたことと思います。序章に毎日簡単に行えるトレーニングを11種類紹介していますので、ポイントを抑えながら、ぜひ実践してみてください。

おわりに

本書を最後まで読んでいただき、ありがとうございました。

なぜ「体幹」を鍛えることがいいのか。また体幹トレーニングの重要性をご理解いただけたでしょうか。

生活習慣病や腰痛に悩まされている方々が増えている現代社会において、今一度、ご自分の体を見つめなおし、「体幹トレーニング&ストレッチ」を通じて、いつまでも仕事やスポーツを楽しめるような、健康的な体をつくりあげていただければと思います。同様にアスリートの皆さんには、ケガに強い体、最高のパフォーマンスを発揮するための基礎ともいえる「体幹」の強化に励んでもらいたいです。

無理をせずに、正しくトレーニングを行うことが一番です。

1日に数個のメニューでかまいません。

どんな些細なことでも結構です。何かひとつでも、体幹トレーニングを通じて体が変われば、きっとやる気があふれ、さらに健康的な生活を送れるようになるはずです。皆さんが、それぞれの理想の体に近づくことを心から願っています。

最後になりましたが、株式会社スポーツコンサルティングジャパン、株式会社アスリートプラス、株式会社イドエンターテインメント、サンフレッチェ広島、一般社団法人ＴＴＣ（トータルセラピストコミュニティ）をはじめ、ご協力いただいたすべての方々に御礼申し上げます。

二〇一二年七月吉日

木場克己

著者紹介
木場克己（こば　かつみ）
有限会社コバメディカルジャパン代表取締役
株式会社アスリートウェーブ代表
日本体育協会公認アスレティックトレーナー
長友佑都選手パーソナルトレーナー
TTC（トータルセラピストコミュニティ）代表理事
柔道整復師　鍼灸師　健康運動指導士

1965年、鹿児島県出身。1995年から2002年までＦＣ東京のヘッドトレーナーを務めるかたわら、都内6店舗にて「気軽にいける治療院」をコンセプトに、子どものケガから年配の方の介護的治療とリハビリ、スポーツ愛好家からトップアスリートの治療及びコンディショニングトレーニングの指導を行う。これまで診察したトップアスリートは多岐にわたり、現在は長友佑都選手（インテル）や土肥洋一選手（東京ヴェルディ）、福西崇史氏などをはじめ、著名人の個人トレーナーとしても活躍中。2011年より、サンフレッチェ広島FCユースのコンディショニングアドバイザーを務める。主な著書に『プロトレーナー木場克己の体幹バランスメソッド』『プロトレーナー木場克己の体幹パフォーマンスアップメソッド』（以上、カンゼン）『体幹力を上げるコアトレーニング』（成美堂出版）などがある。

編集……………………………株式会社レッカ社
　斉藤秀夫、滝川昂
ライティング協力……………三谷悠
本文デザイン　………………寒水久美子
本文イラスト　………………伊藤さちこ
長岡真理子（アイリス・アイリス）
写真提供　……………………ＰＡＮＡ通信社
松岡健三郎
写真協力　……………………木場克己
モデル協力……………………北村英志
DTP……………………………Design-Office OURS

本書は、書き下ろし作品です。

ＰＨＰ文庫　「体幹」を鍛えるとなぜいいのか？

2012年8月17日　第1版第1刷

著者　木場克己
発行者　小林成彦
発行所　株式会社ＰＨＰ研究所
東京本部　〒102-8331　千代田区一番町21
文庫出版部　☎03-3239-6259（編集）
普及一部　☎03-3239-6233（販売）
京都本部　〒601-8411　京都市南区西九条北ノ内町11
PHP INTERFACE　http://www.php.co.jp/
印刷所
製本所　凸版印刷株式会社

ISBN978-4-569-67860-3